W0049669

Irmela Erckenbrecht

Erbsenalarm!

Irmela Erckenbrecht

Erbsenalarm!

mit Cartoons von Renate Alf

Inhalt

Vorhang auf! 6

Es war einmal ... ein Märchen! 10

Es war einmal ... eine Erbse! 42

Es war einmal ... ein Kochtopf! 70

   Suppen 72

   Beilagen 81

   Salate 90

   Hauptgerichte 100

   Und eine Nachspeise 130

Zugaben

   Die Prinzessin auf der Erbse 8
   von Hans Christian Andersen

   Prinzessinnen im World Wide Web 35
   von Irmela Erckenbrecht

   Hochzeitsnacht mit Erbsen 40
   von Irmela Erckenbrecht

   Prinzessinnen auf Öko-Erbsen 63
   von Irmela Erckenbrecht

   Der Prinzessin auf der Erbse zweiter Teil 67
   von Karlhans Frank

   Gerüchte um Gerichte 71
   von Heinz Ehrhardt

   Erbsen 80
   von Mascha Kaléko

   The Princess and the Pea 89
   von der British Broadcasting Cooperation

   Voll die Erbsentussi 99
   von Irmela Erckenbrecht

   Die Erbse und ich 132
   von Renate Alf

Die Autorin 136

Die Illustratorin 137

Quellennachweise 138

Rezepte von A – Z 139

Vorhang auf!

»Jetzt werde ich dir eine Geschichte erzählen, die ich hörte, als ich noch klein war, und jedes Mal, wenn ich seitdem daran dachte, fand ich sie schöner; denn es geht mit den Geschichten ebenso wie mit vielen Menschen, sie werden mit dem Alter schöner und schöner, und das ist so erfreulich!«
Hans Christian Andersen, *Was Vater tut, ist immer richtig*

Zwanzig Matratzen, eine Erbse, eine schlaflose Nacht ... Wer kennt sie nicht, die klassische Story von der Prinzessin, die mit Hilfe eines kleinen, grünen Gemüses ihre edle Herkunft beweist? Es ist eine rätselhafte Geschichte, ein kleines, von dem dänischen Dichter Hans Christian Andersen geschaffenes Stück Weltliteratur, das uns immer wieder beschäftigt und fasziniert. Höchste Zeit, all die Ecken und Winkel dieses Märchens einmal gründlich auszuleuchten, die ernsten Hintergründe und Deutungsversuche ebenso zu würdigen wie die komischen Seiten der dänischen Matratzensaga.

Lesen Sie daher gleich im *ersten Teil* dieses Buchs, was ich an ernsten, witzigen oder sonstwie bemerkenswerten Ideen zu meinem Lieblingsmärchen zusammengetragen habe. Und blättern Sie weiter zu den augenzwinkernden Parodien und phantasievollen Variationen, die das Märchen seit seiner Entstehung erfahren hat. Vom Heinz-Ehrhardt-Gedicht bis zur Barbie®-Puppe ist alles dabei!

Doch was wäre die Prinzessin ohne Erbse? Nichts! Deshalb können Sie im *zweiten Teil* nachlesen, was es über die Erbse zu sagen und zu wissen gibt. Mit der Bohne und der Linse gehört sie zur Familie der Hülsenfrüchte, von jeher Grundnahrungsmittel der Menschen nicht nur in Europa, sondern auch in vielen anderen Teilen der Welt. In getrockneter Form nahezu unbegrenzt lagerfähig, bereichert sie traditionell die an frischen Gemüsen arme Winterküche. Als gesunde pflanzliche Eiweißquelle ist sie für eine vollwertige Ernährung hochinteressant.

Trotz all dieser Vorzüge ist sie im Zuge vermeintlich feinerer Essgewohnheiten leider etwas aus dem kulinarischen Blickfeld gerollt. Lange Zeit galt sie als langweiliges Alltagsgemüse oder grobschlächtiges Arme-Leute-Essen. Manchen Zeitgenossen fallen zum Thema bis heute nur die specklastige Suppe aus der Gulaschkanone oder die ewig gleiche, rot-grüne Verlegenheits-Gemüsebeilage aus der Konserve ein. Das ist schade, denn die neue Erbsen-Cuisine ist in Wahrheit vielfältig, lecker und bunt!

Zum Beweis lade ich Sie im *dritten Teil* in meine vegetarische Vollwertküche ein. Kochen Sie nach und genießen Sie, was es hier Köstliches zu entdecken gibt. Wie wäre es mit einer exotischen Erbsensuppe oder einer Erbsenquiche mit Haselnüssen? Mit einem amerikanischen Erbsensalat oder einem würzigen Drei-Farben-Püree? Sie werden staunen, was das grüne Kullergemüse an kulinarischen Überraschungen alles hergibt.

To pea or not to pea? Das ist für Kenner keine Frage!

In diesem Sinne ein märchenhaftes Koch- und Lesevergnügen wünscht Ihnen
Ihre

Irmela Erckenbrecht

Die Prinzessin auf der Erbse

von Hans Christian Andersen

Es war einmal ein Prinz, der wollte eine Prinzessin heiraten. Aber das sollte eine wirkliche Prinzessin sein. Da reiste er in der ganzen Welt umher, um eine solche zu finden, aber überall stand etwas im Wege. Prinzessinnen gab es genug, aber ob es wirkliche Prinzessinnen waren, konnte er nie herausfinden. Immer war da etwas, was nicht ganz in Ordnung war. Da kam er wieder nach Hause und war ganz traurig, denn er wollte doch gar zu gern eine wirkliche Prinzessin haben.

Eines Abends zog ein furchtbares Unwetter auf; es blitzte und donnerte, der Regen floss in Strömen, es war ganz entsetzlich. Da klopfte es an das Stadttor, und der alte König ging hin, um aufzumachen.

Es war eine Prinzessin, die draußen vor dem Tor stand. Aber wie sah sie vom Regen und dem bösen Wetter aus! Das Wasser lief ihr von den Haaren und Kleidern herunter, es lief ihr in die Schnäbel der Schuhe hinein und zum Absatz wieder hinaus. Sie sagte, dass sie eine wirkliche Prinzessin wäre.

»Nun, das werden wir schon herausbekommen!«, dachte die alte Königin, aber sie sagte nichts, ging in die Schlafkammer, nahm alles Bettzeug ab und legte eine Erbse auf den Boden der Bettstelle. Dann nahm sie zwanzig Matratzen, legte sie auf die Erbse und dann noch zwanzig Eiderdaunendecken oben auf die Matratzen.

Darauf sollte nun die Prinzessin die ganze Nacht über liegen. Am Morgen wurde sie gefragt, wie sie geschlafen hätte.

»Oh, schrecklich schlecht. Ich habe fast die ganze Nacht kein Auge zugetan! Gott weiß, was da in meinem Bett gewesen ist. Ich habe auf etwas Hartem gelegen, sodass ich am ganzen Körper ganz braun und blau bin! Es ist entsetzlich!«

Daran konnte man sehen, dass sie eine wirkliche Prinzessin war, da sie durch die zwanzig Matratzen und die zwanzig Eiderdaunendecken die Erbse gespürt hatte. So feinfühlig konnte niemand anders sein als eine echte Prinzessin.

Da nahm sie der Prinz zur Frau, denn nun wusste er, dass er eine wirkliche Prinzessin gefunden hatte. Und die Erbse kam in die Kunstkammer, wo sie noch zu sehen ist, wenn sie niemand gestohlen hat.

Seht, das ist eine wahre Geschichte!

Es war einmal ... ein Märchen!

»Seht her! Nun fangen wir an! Wenn wir am Ende der Geschichte sind, wissen wir mehr als jetzt!«
Hans Christian Andersen, *Die Schneekönigin*

Es war einmal ein Märchen, das erblickte gemeinsam mit drei Geschwistern am 8. Mai 1835 das Licht der Öffentlichkeit. Damals war es noch ebenso unbekannt wie sein junger dänischer Verfasser. Wenige Jahre später schon kannte es jedes Kind. Es wurde in zahllose Sprachen übersetzt und in prächtigen Ausgaben immer wieder neu illustriert. Bis heute zählt es zu den bekanntesten Klassikern der Weltliteratur.

Gemeint ist das Märchen von der »Prinzessin auf der Erbse«, eine kurze, einprägsame Story rund um eine geschickt platzierte Hülsenfrucht, die ein von Wind und Wetter zerzaustes Mädchen als wirkliche Prinzessin outet – oder, um es in den Worten einer wirklichen Wissenschaftlerin wiederzugeben, »eine Darstellung außerordentlicher weiblicher Zartheit als Indikator für die Zugehörigkeit zu einer verfeinerten aristokratischen Lebenskultur«.

Geschrieben hat dieses Märchen der 1805 in Odense auf der Insel Fünen geborene und in ärmlichsten Verhältnissen aufgewachsene Hans Christian Andersen, der als Vierzehnjähriger mit hochfliegenden Träumen im Kopf und dreizehn dänischen Reichstalern in der Tasche nach Kopenhagen kam, um ein bekannter Schauspieler, mindestens aber ein gefeierter Dichter zu werden. »Erst muss man schrecklich viel durchmachen – und dann wird man berühmt«, hatte er seiner Mutter, einer verwitweten Wäscherin, zum Abschied erklärt.

Und genauso kam es. Die erste Zeit in Kopenhagen war mehr als hart. Mit der Schauspielerei klappte es nicht, und um Dichter werden zu können, musste Andersen erst einmal richtig lesen und schreiben lernen. Auch wegen seines ungewöhnlichen Äußeren – er selbst beschrieb sich als »langen, dünnen Menschen, die Nase so mächtig wie eine Kanone, die Augen so klein wie grüne Erbsen«(!) – hatte er es nicht leicht. Immerhin fand er Förderer, die ihm den Schulbesuch finanzierten, auch wenn damit für ihn eine neue Leidenszeit unter der Knute eines despotischen Schulrektors begann. Nebenbei schrieb er fleißig Gedichte, Bühnenstücke und einen Roman. Der Durchbruch kam mit dem ersten Märchenband. Darin abgedruckt waren: »Das Feuerzeug«, »Der kleine Klaus und der große Klaus«, »Die Prinzessin auf der Erbse« und »Die Blumen der kleinen Ida«.

Schon 1836 schrieb Andersen: »Überall, wohin ich komme und wo Kinder sind, haben sie meine Märchen gelesen und bringen mir darum die schönsten Rosen und einen Kuss.« Gleichzeitig sorgte er sich aber auch um die Langlebigkeit seiner Werke: »Weiß Gott, was man in zwanzig Jahren über sie sagen wird! Vergessen werden sie doch wohl nicht sein?«

Darüber hätte er sich, wie wir heute wissen, die Erbsenaugen nicht auszuweinen brauchen. Die bis zu seinem Tod 1875

erschienenen 156 Märchen (die Sammlung der Brüder Grimm umfasst etwa 200) wurden bisher in mehr als hundert Sprachen übersetzt. Allein im deutschsprachigen Raum werden heute über 100 verschiedene Andersen-Ausgaben angeboten, davon etwa 60 Bilderbücher mit Einzelmärchen und etwa 40 Sammelbände. Viele seiner Geschichten sind außerdem auf CD, Kassette, DVD und Video zu haben.

Vom hässlichen Entlein zum Goethe der Kinderwelt

Andersen wird gern als »Goethe der Kinderwelt« betitelt. Dennoch wäre es falsch, ihn in die literarische Kinderecke abzuschieben. In seiner »Kulturgeschichte der Neuzeit« schrieb Egon Friedell 1927: »Das große Publikum nimmt zu Andersen etwa dieselbe Stellung ein wie jener Leutnant in den ›Fliegenden Blättern‹, der behauptete, Julius Caesar könne unmöglich ein großer Mann gewesen sein, denn er habe ja nur für die unteren Lateinklassen geschrieben. Weil Andersen ein so großer Dichter war, dass er sogar von Kindern verstanden wird, glauben die Erwachsenen, er sei für sie nicht gescheit genug.«

Wer Andersens Geschichten als Kind gehört hat und als Erwachsener wieder liest, ist erstaunt, was für vielschichtige, geschliffene Kunstwerke der bekannteste aller dänischen Dichter da geschaffen hat. Kein Wunder, dass sich berühmte Kollegen wie Thomas Mann, Vladimir Nabokov, Theodor Fontane, Oscar Wilde, Franz Kafka und James Joyce zum großen Einfluss Andersens auf ihr Werk bekannten. Auf die Frage, welche Bücher er sich als Erstes erneut anschaffen würde, wenn er seine

12

Bibliothek verlöre, sagte Thomas Mann vier Jahre vor seinem Tod: »Nietzsche, Schopenhauer, Andersens Märchen.« Und an anderer Stelle gab der Nobelpreisträger zu Protokoll: »Ich glaube, einer der frühesten literarischen Eindrücke, deren ich teilhaft wurde, war auch der tiefste und nachhaltigste: Andersens Märchen.«

Das Erscheinen des ersten kleinen Märchenbandes, der die »Prinzessin auf der Erbse« enthielt, bildete denn auch den Wendepunkt in Andersens Dichterkarriere: Er hatte endlich die ihm gemäße literarische Form gefunden. Indem es Kleinkunst zu großer Dichtung machte, konnte sein Genie sich souverän entfalten. Er selbst schrieb über seine Märchen: »Sie lagen wie ein

Samenkorn in meinen Gedanken: es bedurfte nur eines Luft-
hauchs, eines Sonnenstrahls, eines Tropfen Wermut, und sie
entfalteten sich zur Blüte.« Zwar verfasste er auch weiterhin
Romane und Theaterstücke, mit denen ihm beim zeitgenössi-
schen Publikum durchaus der eine oder andere Achtungserfolg
gelang. Bis auf den heutigen Tag kaum verblasst ist jedoch die
Ausstrahlung, die schon damals von seinen Märchen ausging
und das arme, hässliche Entlein aus Odense in einen international gefeierten Schwan verwandelte.

Andersens unverwechselbarer, lebendiger, sich von der Be-
häbigkeit der meisten Volksmärchen so deutlich abhebender Stil,
sein feiner, spöttischer Humor, die vielschichtigen Inhalte und
der besondere Mix aus Realismus und Phantasterei haben seine
Kunstmärchen durch die Jahrhunderte gegen jeglichen Ver-
schleiß immunisiert. Ihr Erfolg ist aber nicht nur zeit-, sondern
auch grenzenlos: In Japan kennt man sie ebenso wie in Austra-
lien, Argentinien oder Kanada.

PISA und der Mut zur Lücke

Zu den bekanntesten Märchen überhaupt gehört die Geschichte von der »Prinzessin auf der Erbse«. Bei einer der seit PISA so
beliebten Umfragen zur Bildungslage der Nation antworteten
75 Prozent auf die Frage nach dem Verfasser des Märchens richtig mit »Hans Christian Andersen«. Wegen seiner Kürze ist das
Märchen als Text für den Schulunterricht beliebt und in vielen
Lesebüchern enthalten. Das Bild von der Prinzessin auf dem
hohen Matratzenturm prägt sich allen, die es gesehen haben,
unauslöschlich ein.Titel und Pointe des Märchens sind längst
in den redensartlichen Sprachschatz übergegangen: eine weh-
leidige Zimperliese wird allerorts als »Prinzessin auf der Erbse«
verspottet.

Sogar die hohe Philosophie spricht von dem »Prinzessin-auf-
der-Erbse-Prinzip«. Der von Odo Marquard geprägte Begriff

meint – vereinfacht ausgedrückt –, dass wir immer etwas Negatives finden, weil der Negativitätsbedarf in uns stets der Gleiche ist. Die Menge des gespürten Negativen bleibt konstant. Andersens Märchen, meint Marquard, führe dieses Prinzip in Reinform vor Augen: Weil die überbehütete Prinzessin sonst wenig zu leiden habe, leide sie unter der Erbse. Dies sei keine Frage ihres zarten Hinterteils, sondern ein bloßer Ausdruck ihres ansonsten unbefriedigten Negativitätsbedarfs.

Damit nähern wir uns bereits einer möglichen Interpretation des Märchens, das seit seinem Erscheinen unzählige Male bearbeitet worden ist. Da es zu Lebzeiten Andersens noch keine internationalen Copyright-Abkommen gab, konnten Übersetzer und andere Nachdichter mit seinen Texten nämlich recht frei umgehen, ohne dass er irgendeinen Einfluss darauf hätte nehmen können. (Auch ein angemessenes Honorar für die vielen fremdsprachigen Ausgaben sah er übrigens so gut wie nie.)

Zudem übersetzten zum Beispiel viele englische Kollegen, weil sie kein Dänisch konnten, nach den bereits erschienenen deutschen Ausgaben. Und manch einer konnte der Versuchung nicht widerstehen, bei der Gelegenheit den Text ein wenig zu

»verbessern«. So ließ zum Beispiel ein deutscher Übersetzer die alte Königin nicht eine, sondern gleich drei Erbsen unter die Matratzen der Prinzessin stecken, weil ihm das Ganze so weniger unwahrscheinlich erschien – ein Fehler, der sich in vielen späteren englischen Ausgaben wiederfindet.

An dem Märchen schieden sich nämlich von Anfang an die Geister – zumindest die der Erwachsenen. Galt es den einen schlicht als »anderthalb Seiten langes Meisterwerk«, empfanden andere es als unmoralisch, weil zu bettlastig, oder als Angriff auf die Monarchie, weil darin angeblich der Adel lächerlich gemacht werde. Jedenfalls versuchten in den letzten 170 Jahren alle möglichen Leute, dem Märchen einen pädagogischen Wert zu verpassen und es »kindgerecht« auszuschmücken.

Andersens Originaltext wirkt dagegen erstaunlich klar und schlicht. In jedem Fall aber beweist er Mut zur Lücke. Das Märchen, so wie er es geschrieben hat, lässt viele Fragen offen: Wie kommt die Königin überhaupt auf den abstrusen Erbsentest? Worauf stützt sich die Behauptung, wirkliche Prinzessinnen spürten selbst unter höchsten Matratzenbergen kleine runde Gegenstände? Was hatte der Prinz an all den anderen Prinzessinnen auszusetzen? Und wie um alles in der Welt konnte es geschehen, dass eine waschechte Prinzessin – alles andere als standesgemäß! – im schlimmsten Regen umherirrt und an fremde Stadttore klopft?

Das Matratzendrama als Oper und als Musical

Viele Bearbeitungen des Märchens haben es sich zur Aufgabe gemacht, diese Lücken zu schließen. Besonders beliebt ist das Musical »Once upon a Mattress« (Wörtlich: »Es war einmal auf einer Matratze« – weiß die Erbse, warum man sich bei der deutschen Fassung für den nichts sagenden Titel »Winnifred« entschied). Die Musik schrieb Mary Rodgers, die Texte Marshall Barer. Mit Carol Burnett in der Hauptrolle 1959 im Phoenix

Theatre in New York uraufgeführt, wurde es ein echter Broadway-Hit. 1996 kehrte es mit Sarah Jessica Parker als Prinzessin mit großem Erfolg an den Broadway zurück. Die deutsche Fassung in der Übersetzung von Sonja Martin und Frank Bücheler, 1990 im Stadttheater Hildesheim erstaufgeführt, ist vor allem bei Schultheatergruppen bis heute sehr beliebt.

Inhaltlich gehört das Musical, das sich als »Die wahre Geschichte der Prinzessin auf der Erbse« ausgibt, zu den Versionen, die hinter dem Erbsentest und dem aktiven Eingreifen der Königin einen Familienkonflikt vermuten: König Sextimus ist vom Fluch einer bösen Hexe befallen. Er muss schweigen, »bis eine Maus einen Falken besiegt«. Umso beredter ist die Frau des stummen Königs, Königin Migräne, die am Königshof alles und jedes unter der Fuchtel hat, vor allem aber ihren Sohn, Prinz Arglos, den sie hemmungslos herumkommandiert. Er möchte heiraten, aber die Mutter schlägt alle in Frage kommenden Kandidatinnen mit schwierigen Prüfungen und einem unmöglich zu beantwortenden Quiz à la »Wer wird Millionär?« in die Flucht – schlimmer noch: Solange Prinz Arglos keine Braut findet, soll auch sonst niemand im Land heiraten dürfen. In dieser lähmenden, für alle Liebespaare des Landes höchst misslichen Situation ergreifen Sir Harry und Lady Lerche die Initiative und schaffen die herzerfrischende, unkonventionelle

Prinzessin Winnifred herbei, die den Hofstaat kräftig aufmischt. Nach allerlei Irrungen und Wirrungen ersinnt die Königin den ihr unlösbar erscheinenden Erbsentest, den Winnifred nur deshalb mit Bravour besteht, weil ihre heimlichen Verbündeten ihr noch allerlei andere unförmige Gegenstände unter die Matratzen schieben und so für eine schlaflose Nacht sorgen. Königin Migräne will die Prinzessin trotzdem abweisen, doch da erhebt sich der inzwischen ernstlich verliebte Prinz Arglos erstmals energisch gegen seine Mutter. Die Maus (der Prinz) hat den Falken (die Königin) besiegt, der Fluch der Hexe ist gebrochen: Der nicht länger stumme König übernimmt das Regiment im Staate, das alte Gleichgewicht ist wieder hergestellt und dem Glück aller jungen Liebespaare steht nichts mehr im Wege.

Bearbeitungen wie diese versuchen nicht nur zu erklären, wie es zu dem scheinbar unsinnigen Erbsentest kommen konnte, sie dichten auch eine Erlösungsgeschichte hinzu: Durch ihr ungekünsteltes, sich um die Hofetikette so wenig scherendes Auftreten erlöst die von außen hinzukommende Prinzessin die anderen Märchenfiguren – zunächst den an mangelndem Selbstbewusstsein leidenden Prinzen und durch ihn den resigniert verstummten König.

In der Reihe der musikalischen Bearbeitungen unbedingt genannt werden muss übrigens die 1927 von Ernst Toch komponierte und im gleichen Jahr in Baden-Baden uraufgeführte Oper »Die Prinzessin auf der Erbse«. Der 1887 in Wien geborene Komponist musste wenige Jahre nach dieser Uraufführung vor den Nazis in die USA fliehen, wo er bis zu seinem Tod im Jahre 1964 in Los Angeles lebte. In den Jahren zwischen den Weltkriegen gehörte Toch zur musikalischen Neuen Sachlichkeit und war neben Paul Hindemith, Ernst Krenek und Kurt Weill einer der gefragtesten und bekanntesten Komponisten. Kurz vor seinem Tod bezeichnete er sich selbst als »meist vergessenen Komponisten des 20. Jahrhunderts«. Jetzt gibt es ihn zum Glück wieder zu entdecken: Die Staatsoper Stuttgart hat »Die Prinzessin auf der Erbse« in den Spielplan aufgenommen.

Andere »Verbesserungen«

Auch in den Grimm'schen Kinder- und Hausmärchen tauchte zumindest vorübergehend eine »verbesserte« Version namens »Die Erbsenprinzessin« auf, die zu erklären versuchte, wie die Prinzessin vom Winde verweht vors Stadttor kam. Diese Version erschien jedoch nur 1843 in der 5. Auflage, schon in der nächsten Ausgabe von 1850 war sie nicht mehr zu finden (vermutlich weil man inzwischen bemerkt hatte, dass es kein Volksmärchen, sondern eine Variante von Andersens Kunstmärchen war).

Der gleichen Frage widmet sich die zu einem eigenständigen Buch aufgeblähte Variante »The Princess Test« der Amerikanerin Gail Carson Levine. Die Prinzessin heißt hier Lorelei und ist von Geburt an extrem wählerisch, ewig kränklich und wehleidig. Die Haushälterin Trudy hat es gründlich satt, für diese hyperallergische Zicke Hirse-Buchweizen-Brot zu backen und tausend andere Extrawürste zu braten, sie schmiedet düstere Mordpläne und lockt das Mädchen eines Tages – Hänsel und

Gretel lassen grüßen! – in den finsteren Wald. In einem heftigen Unwetter irrt Lorelei umher, bis sie schließlich zum Stadttor kommt.

Das Buch bezieht seine Komik aus den phantasievollen, aus diversen Märchen vage bekannt vorkommenden Mordplänen, die allesamt schief gehen, und aus den Prinzessinnenprüfungen, bei denen es immer darum geht, aus einem ansonsten harmonischen Ganzen das eine winzig kleine, störende Detail herauszufinden: In einem Blumenstrauß steckt ein Zweiglein Petersilie, in einem Salat befindet sich eine ungekochte Nudel, in einem farbenprächtigen Wandteppich fehlt ein Faden, bei einem prächtigen Gewand ist der Rock eine Nuance heller als das Mieder, in einer mit Schwanendaunen gefüllten Matratze steckt eine Taubenfeder. Der Erbsentest ist dann nur noch die Krönung all dieser Absurditäten.

Ja, selbst die Tatsache, dass bei Andersen der König selbst das Tor öffnet und nicht einer der Diener oder Wachen, erregte die Gemüter. Zumindest gab es Nachdichtungen, die diese

scheinbare Ungereimtheit auszubügeln trachteten. So wird in einer Version ausführlich erzählt, wie der König abends behaglich in seinem großen Lehnstuhl saß und las, als es draußen klopfte. »›Wer mag bei diesem Wetter und zu solch später Stunde wohl draußen sein?‹ fragte sich der König und dachte: ›Die Schlosswache wird sicher nachsehen, wer draußen steht und Einlass begehrt.‹« Doch die altgedienten Herren Schlosswächter waren längst eingeschlafen. Gütig, wie es ein alter Herrscher im Märchen nun einmal ist, mochte er sie nicht wecken und schritt selbst zur Tat.

Filme aus Moskau und Hollywood

Weit verbreitet und bei uns bis heute in Verkauf und Verleih als Video beliebt, ist die 1976 erschienene Verfilmung aus den russischen Gorki-Studios. Der Versuchung, die an sich schnell erzählte Handlung des Märchens auszuschmücken, widersteht der Film, indem er die »Prinzessin auf der Erbse« als Rahmenhandlung nutzt. Unwetter und Prinzessin machen auch hier den Anfang, doch noch ehe sich das vom Sturm gebeutelte Mädchen auf den berühmten Matratzen zur Ruhe betten kann, wird der Prinz von seinem Vater auf Brautsuche geschickt und erlebt eine Reihe von Abenteuern, die anderen Andersen-Märchen (»Der Schweinehirt«, »Der Reisekamerad«) entliehen sind. Auch hier wird, wenn auch ohne Andersen-fremdes Material, eine vermeintliche Lücke gefüllt: Der Film erklärt, was der Prinz an den anderen Prinzessinnen auszusetzen hatte. Opulente Vivaldi-Musik ergänzt die eindrucksvollen Bilder. Ernüchtert und gereift kehrt der Prinz am Ende zurück und ehelicht die sich auf Matratzen und Erbse inzwischen bewährt habende Anfangsprinzessin.

Die amerikanische Antwort auf diesen Klassiker ist eine ebenfalls deutsch synchronisierte und als Video erhältliche Verfilmung aus dem Jahre 1983 mit einem an Ilja Richter in seinen zappeligsten Zeiten erinnernden Tom Conti in der Prinzenrolle und einer ziemlich üppigen Liza Minelli als Königin seines Herzens. Der Film setzt auf die ironische Ausspachtelung sämtlicher Lücken und Fugen in Andersens Original: Der König erscheint als lächerlicher Gernegroß, die Königin an seiner Seite als herrschsüchtige Übermutter. Der Prinz selbst dagegen entwickelt sich vom depressiven Muttersöhnchen zum selbstbewussten, verliebten jungen Mann. Als Katalysator dient ein Hofnarr, der den Prinzen ermutigt und Prinzessin Liza in Sachen Erbsentest vorwarnt. Besonders eindrucksvoll ist die Szene, in der Liza Minelli auf den Matratzenturm steigt. Die ganze Monstrosität dieses seltsamen Auswahlverfahrens ist darin meisterlich eingefangen.

Zeichentrick und Puppentheater

Während beide Verfilmungen – ebenso wie Andersens Original – die Vorgeschichte der Erbsenprinzessin völlig im Dunkeln lassen, wird diese in anderen Bearbeitungen farbenfroh ausge-

schmückt, so z. B. in einem 2001 erschienenen Zeichentrickfilm aus den *Swan Animation Studios* im kalifornischen Burbank, in der die neugeborene Prinzessin mit einem Bauernmädchen vertauscht wird und in ärmlichen Verhältnissen aufwächst. Sie weiß nichts von ihrer edlen Herkunft. Zum Glück ersinnt die Königin den ultimativen Adels-Test und dem Happy End steht nichts mehr im Wege.

Ein anderer Film aus der größten europäischen Werkstatt für Zeichentrickmärchen, dem *Van Gool Studio*, sieht den Prinzen in Gefahr, sich in eine Wegelagerin zu verlieben, die sich nur als Prinzessin ausgibt, es in Wirklichkeit aber auf sein Geld abgesehen hat. Hier steht also nicht nur die edle Herkunft, sondern auch die Integrität der Prinzessin in Frage. Beide werden wiederum durch den Erbsentest gerettet.

Besonders beliebt ist das Märchen von der »Prinzessin auf der Erbse« natürlich bei Kindertheatern, die in den letzten Jahrzehnten alle möglichen actionreichen Varianten des Märchens geschaffen haben.

Im *Figurentheater Kladderadatsch* in Augsburg zum Beispiel hat Prinz Axel von Waxenstein schon 155 Prinzessinnen begutachtet und die Hoffnung fast aufgegeben, als endlich seine Traumfrau vor dem Stadttor steht. Da will er sich auf den alten Familientest nicht mehr verlassen und schmuggelt zur Sicherheit neben der Erbse heimlich noch einen Stein ins Bett seiner Angebeteten. Klar, dass sie des Nachts kein Auge zumacht und kurz darauf Hochzeit gefeiert wird. Manchmal muss man seinem Glück eben ein wenig auf die Sprünge helfen!

In der Inszenierung des *Kobalt Figurentheaters* Berlin – einem »Puppenspiel um Aufbruch, Mut und erste Liebe mit vielen Kissen, zwei hungrigen Hühnern und einer Erbse« – droht von ganz anderer Seite Gefahr: Zwei aufgeregten Hennen läuft beim Anblick der Erbse das Wasser im Schnabel zusammen.

Eine besonders turbulente Fassung ist in *Meckis Puppenthe-ater* in Pulheim zu sehen. Unter großen Strapazen wird da auf der Suche nach einer Prinzessin durch die weite Welt gereist, Hochgebirge müssen überquert und Weltmeere durchschwom-men werden, bis sich am Hof des vom Regieren ziemlich ge-stressten Vater Königs und der Übermutter Königin durch eine geschickt platzierte Erbse alles wieder zum Besten wendet.

Die Prinzessin und ihre Vorgängerinnen

Während Hans Christian Andersen seine späteren Märchen frei ersann, griff er bei den ersten noch auf überlieferte Themen und Motive zurück. Von der »Prinzessin und der Erbse« sagte er, er habe die Geschichte als Kind »in der Spinnstube und beim Hopfenpflücken gehört« und »meiner Art und Weise entspre-chend« umgedichtet und neu erzählt.

Auch wenn es erst durch Andersen ungeahnte Verbreitung fand, war das Motiv tatsächlich nicht neu. Es gab Vorläufer wie das Südtiroler Märchen »Die Empfindlichste«, in dem ein Prinz die feinfühligste Prinzessin zum Traualtar führt. (Der Wind hat ihr eine Jasminblüte auf den Fuß geweht, nun humpelt die Ärms-te und trägt einen dicken Gipsverband!) Auch im Orient kommt die empfindliche Haut als Zeichen edler Geburt in manchen

Erzählungen vor, z. B. in der Geschichte von der »Prinzessin auf dem Myrtenzweig«, ist dort aber gerade als Eigenschaft unerwünscht und wird der Titelheldin sogar zum Verhängnis. Aus der orientalischen Erzähltradition der »Sieben Weisen Meister« stammt ein Märchen, in dem ein Königssohn mit Efeublättern unter den Füßen seines Bettes auf die Probe gestellt wird.

Andersens Geschichte am nächsten kommt jedoch ein schwedisches Volksmärchen, das an den »Gestiefelten Kater« erinnert: In Begleitung einer Katze zieht ein armes Mädchen in die Welt hinaus und gibt sich, dem Rat der Katze folgend, am Königshof als Prinzessin aus. Die misstrauische Königin macht die Probe aufs Exempel, indem sie ihr drei Nächte lang die winzigsten Gegenstände – eine Bohne, eine Erbse, einen Strohhalm – unter die Matratze schiebt. Von der Katze vorgewarnt, behauptet das Mädchen jedes Mal, nachts kein Auge zugetan zu haben, und wird daraufhin zur echten Prinzessin erklärt.

In dieser Geschichte erreicht die Heldin ihr Ziel durch Betrug – und natürlich stellt sich der Eindruck ein, dass die unsinnigen Prüfungen auch gar nicht anders zu bestehen sind. Andersen dagegen nimmt die Erbsenfrage ernst: Seine Prinzessin ist wirklich echt, sie ahnt nichts von der Erbse und spürt sie trotz alledem. Auf diese Weise bestärkt er unseren Glauben, dass eine Prinzessin doch etwas Besonderes ist – und nährt unsere geheime Hoffnung, dass vielleicht auch in uns eine heimliche Prinzessin steckt!

Mehrdeutige Story mit Hintersinn

Ganz im Gegensatz zu den Brüdern Grimm ging es Andersen nicht darum, Überlieferungen zu sammeln und möglichst getreu wiederzugeben. Mit dem vorgefundenen Material ging er schöpferisch um. Und gerade die verblüffende Wendung, die er seiner Erbsenstory gab, macht den bleibenden Eindruck, den besonderen Reiz, ja den Zauber seines Märchens aus.

Tatsächlich lässt uns die Pointe des Märchens stutzen. Es ist das Hintersinnige, Mehrdeutige, nicht gleich Schlüssige an dieser äußerlich glatten Story mit Happy End, das auf lange Sicht hängen bleibt und nachdenklich macht. Dies ist ganz im Sinne Andersens, der über seine Märchen schrieb: »Ich greife nach einer Idee für die Älteren und erzähle sie dann den Kleinen, während ich daran denke, dass Vater und Mutter mit zuhören, und denen muss man etwas für die Gedanken geben.«

Es passt auch zum zeitlosen Genre des Märchens, das Archetypisches, Universelles, vor allem aber häufig auch Düsteres und Verstörendes zum Thema hat. Gerade in der Rätselhaftigkeit liegt seine Weisheit, die es sowohl intuitiv als auch durch bewusste Deutung zu erschließen gilt.

Deshalb stehen Märchenkennerinnen und -kennern auch alle drei goldenen Haare zu Berge, wenn romantische Schnulzen wie »Pretty Woman« als »moderne Märchen« bezeichnet werden. Zwar bekommt auch in dem Film mit Julia Roberts und Richard Gere ein armes Mädchen den reichen Prinz. Was aber tut sie dafür, ihn zu gewinnen oder sich und ihre Umwelt zu verändern? Nichts – außer langbeinig und schön und zur richtigen Zeit am richtigen Ort zu sein.

Echte Märchenheldinnen dagegen müssen Gefahren und Prüfungen bestehen, müssen verwandeln und erlösen, bis ihnen Erbsen und Möhren vergehen. Ihr Happy End ist hart erarbeitet und kostet seinen Preis. Das gilt selbst für die vergleichsweise passive Prinzessin auf der Erbse: Sie macht sich trotz Unwetters unbeirrt auf den Weg. Und sie leidet tatsächlich an der Erbse, büßt ihren kostbaren Schlaf ein und hat als Beweis ihrer Beziehungsarbeit jede Menge blaue Flecken vorzuweisen.

Geschichten wie »Pretty Woman« sind eindimensional. Die Träume, die sie wachrufen, versetzen niemanden in die Lage, sich den Prüfungen des Lebens zu stellen und sich zu verändern. Die »Prinzessin auf der Erbse« dagegen ist facettenreich und wirft die Frage auf, wie wir uns selbst verhalten hätten. Viele Deutungen sind möglich und können gleichberechtigt nebeneinander stehen. Gerade darin offenbart sich die Vielschichtigkeit dieses literarischen Meisterwerks.

Der himmlisch dekadente Adel

Die am deutlichsten herauszuschmeckende Zutat des von Andersen gemixten Märchencocktails ist natürlich eine ordentliche Prise Ironie. Er selbst meinte dazu: »Die Märchendichtung ist das ausgedehnteste Reich der Poesie, ... und wer es meistert, muss das Tragische, das Komische, das Naive, die Ironie und den Humor hineinlegen können«. Und an anderer Stelle: »Naivität ist nur *ein* Bestandteil des Märchens. Humor aber ist das Salz darin«.

In diesem Sinne können wir die »Prinzessin auf der Erbse« getrost als genüssliche Satire auf die Dekadenz des Adels, die Überspanntheit seiner blaublütigen Vertreterinnen und die Auswüchse beim Anbahnen standesgemäßer Eheverbindungen lesen: Mag der Nachweis der edlen Herkunft auch noch so absurd sein, ein Prinz darf nur eine wirkliche Prinzessin ehelichen. Auch wenn er sie vor der Hochzeit, wie in Andersens Originalmärchen, noch nie gesehen hat. Und auch wenn der Prüfstein, die extreme Empfindsamkeit, für eine Vorbildfigur wie die zu-

künftige Königin eines Landes im Grunde völlig abwegig erscheint.

Schon Andersens Zeitgenossen haben diese Botschaft verstanden, so der Dichter Carsten Hauch: »Meiner Meinung nach ist ›Die Prinzessin auf der Erbse‹ eine ebenso amüsante wie treffende satirische kleine Geschichte, und so manche Mutter arrangiert die Heirat ihrer Tochter nach Grundsätzen, die nicht besser sind als die hier angeführten. Die Königin ist unbeschreiblich heikel, keine borniert adlige Dame könnte sie darin übertreffen.«

Manche lehnten das Märchen deshalb als »antimonarchistisch« ab. Ein Kritiker wünschte sogar inständig, »dass der Verfasser nicht ferner seine Zeit mit dem Schreiben von Märchen vergeuden möge!«

Hans Christian Andersen selbst hatte ein sehr zwiespältiges Verhältnis zum Adel. Der erfolgreiche Dichter genoss es, an den Fürstenhöfen Europas ein- und auszugehen, und seine Gesellschaftskritik stellte das feudalistische System nie ernsthaft in Frage. Der arme Schustersohn aus Odense aber bewahrte sich einen scharfen Blick für soziale Ungerechtigkeiten und den krassen Gegensatz von Schein und Sein – man denke nur an die beißende Satire auf den völlig versnobten Hof des Kaisers von

China in »Die Nachtigall« und natürlich an »Des Kaisers neue Kleider«!

Er zeigte Mitgefühl mit den Ausgestoßenen und Zukurzgekommenen und ließ ihren sozialen Aufstieg in seinen Geschichten gelingen – freilich ohne die vorgefundene Struktur selbst in Frage zu stellen: Das ehemals hässliche junge Entlein wird bewundert, weil es in Wahrheit ein Schwan ist, das durchnässte Mädchen vorm Stadttor bekommt den Prinzen, weil sich unter den triefenden Kleidern eine echte Prinzessin verbirgt.

Triefend nass und ganz allein

»Es schadet nichts, auf einem Entenhofe geboren zu sein, wenn man nur in einem Schwanenei gelegen hat«, heißt es in »Das hässliche junge Entlein«. Die schmerzhafte Außenseitererfahrung und der wundersame Aufstieg des Underdogs spielen in Hans Christian Andersens Leben und in seinen Werken eine zentrale Rolle. Anders als in vielen Volksmärchen, in denen am Ende der Stärkere oder Klügere triumphiert, siegt bei ihm häufig der duldsame, beharrliche Sonderling.

Dazu muss man sich vergegenwärtigen, dass Andersen aus einer völlig verarmten, zerrütteten Familie kam, die zu den bürgerlich-moralischen Werten der Zeit im krassen Gegensatz stand: Seine Mutter war Alkoholikerin und endete im Armenhaus, sein Vater und sein Großvater waren geistesgestört, seine Tante führte ein Bordell, seine totgeschwiegene uneheliche Halbschwester traf er erst, als beide schon erwachsen waren. In diesem Umfeld fühlte er sich als Anderer, als ohne eigene Schuld in ein schreckliches Unwetter geratenes Königskind, als Schwanenküken auf dem Entenhof. Sein ganzes Leben lang war er geradezu besessen von dem Wunsch, berühmt zu werden, sozial aufzusteigen, von den tonangebenden Kreisen akzeptiert zu werden. Tatsächlich gelang ihm der atemberaubende Aufstieg zum international gefeierten Dichterstar. Und dennoch, er gehörte nie wirklich ganz dazu, blieb »der erste Proletarier in der dänischen Literatur«, ein ruheloser Einzelgänger ohne Familie, ohne eigenes Heim, ohne geglückte Liebesbeziehung. Und obwohl er ihn so heftig herbeigesehnt hatte, blieb ihm sein Erfolg zeitlebens unheimlich, sodass er ihn in seinem literarischen Werk immer wieder neu bearbeitete.

Zu seiner sozialen Sonderrolle kam sein groteskes Äußeres, das sich – anders als seine soziale Herkunft – nicht einfach abstreifen ließ. Zahlreiche Zeitgenossen beschrieben seine unvorteilhaften Proportionen, seine linkischen Bewegungen, seinen seltsam hüpfenden Kranichgang. Auch sein Aussehen machte ihn also zum Außenseiter und war Anlass für Kränkungen, die er sein ganzes Leben lang nicht vergaß. In seiner Autobiographie berichtete er: »Ich kam nach Kopenhagen, einige Stunden später stand ich am Fenster und sah hinaus. Da kamen zwei gut gekleidete Herren vorbei, sie sahen mich, blieben stehen, lachten, und einer deutete zu mir herauf und sagte so laut, dass ich jedes Wort verstehen konnte: ›Sieh einer an, da steht unser im Ausland so berühmt gewordener Orang-Utan!‹«

All dies sollten wir bedenken, wenn wir das vom Regen durchweichte Mädchen vor dem Stadttor stehen sehen. Der Erbsentest mag absurd erscheinen, aber es ist ein Segen, dass die Köni-

gin darauf verfällt und sich nicht vom äußeren Anschein blenden lässt. Hinter so mancher erbarmungswürdigen Erscheinung, will Andersen uns ein ums andere Mal sagen, steckt Besseres und Edleres, vielleicht sogar eine wirkliche Prinzessin oder ein wirklicher Prinz.

Der Tod des Märchenprinzen

Natürlich hat die Geschichte von der »Prinzessin auf der Erbse« aus feministischer Sicht viel Widerspruch erregt: Hans Christian Andersen vermittle ein mädchenfeindliches Rollenbild, der Eignungstest für Prinzengattinnen sei diskriminierend und erinnere an die unsäglichen Auswahlprozeduren bei Misswahlen – kurz: Der Wert der Prinzessin werde darauf reduziert, ob sie den männlichen Erwartungen des Prinzen genügen könne. Zahlreiche Neufassungen haben deshalb der Prinzessin zur Emanzipation verholfen und sie in eine selbstbewusste, strapazierfähige junge Frau verwandelt, die den Märchenprinzen lieber zum Teufel jagt als sich auf irgendwelche albernen Matratzenmätzchen einzulassen.

Dabei sind recht interessante neue Versionen entstanden, z. B. »Die Prinzessin auf dem Kürbis« des bekannten Kinderbuchautoren Heinz Janisch. Sein Prinz »will eine, die was aushält«. Statt auf einer lächerlich kleinen Erbse soll die Kandidatin deshalb auf einem großen, dicken Kürbis schlafen. Aber eine echte Prinzessin will verdient sein, und so wird natürlich auch der Prinz auf die Probe gestellt und muss sich als einfühlsam bewähren. In »Die Prinzessin auf der Nuss« von Michelle Nikly kann den Nachtschlaf einer abenteuerlustigen und mutterseelenallein durch die weite Welt ziehenden Prinzessin nichts erschüttern, was den Prinzen, der sich eine starke Frau wünscht, umso mehr entzückt. In »Die Erbsenprinzessin« von Martin Auer (die es als »ziemlich komische Oper« auch als Bühnenfassung gibt) ist der Prinz ein heillos verwöhnter Prasser und bekommt genau die scheußliche Zimperliese, die er verdient, während sein treuer Diener Truffaldino mit einer burschikosen Gärtnerin viel glücklicher wird. »The Cowboy and the Black-Eyed Pea« erzählt, wie eine couragierte Frau im Wilden Westen sich genau den Mann aussucht, den sie für ihr freies Leben braucht. Und in »The Princess and the Pea« von Alain Vaes trägt die Heldin einen ölverschmierten Overall, tauscht eigenhändig Zündkerzen aus, repariert im Handumdrehen jeden zerfetzten Keilriemen und lässt die auf hirnrissige Tests für Prinzessinnen fixierte Königin ganz schön alt aussehen.

Auch der sado-masochistische Aspekt des Märchens, den manche angesichts der blauen Flecken witterten, ist ausgiebig erforscht worden, z. B. in der höchst makabren Version »The Real Princess« der preisgekrönten amerikanischen Romanschriftstellerin Susan Palwick: Ein Mann, der eine Frau sucht, die so empfindlich ist, dass sie von einer Erbse schwarz und blau wird, kann nur düstere Motive haben, meint sie. Der Prinz ist deshalb bei ihr längst König und ein hemmungsloser Sadist, der die Menschen in seiner Umgebung demütigt und empfindsame Frauen zu Tode quält. Ein Happy End kann es in dieser Welt nicht geben.

Ebenso verstörend wirkt »Sweet Bruising Skin« des britischen Autors Storm Constantine, eine bitterböse Märchensatire, in der die Prinzessin mit der wundersam empfindlichen Haut im Labor eines Alchemisten entsteht, bald ein beängstigendes Eigenleben entwickelt und ihren Schöpfer mit ins Verderben reißt.

Vom Mädchen zur Frau

Bei aller frauenbewegten Kritik sollten wir aber nicht aus den Augen verlieren: Es ist die Königin, die auf den Trick mit der Erbse verfällt und dem pitschnassen Häufchen Elend vorm Stadttor zum Prinzessinnenstatus verhilft – in diesem Licht besehen könnte man das Ganze auch als Akt der Solidarität unter Geschlechtsgenossinnen auffassen. Und die vordergründig so passive Prinzessin ist eigentlich viel beweglicher als der Prinz, der durch seine Entscheidungslosigkeit auf der Suche nach einer Partnerin scheitert und ansonsten in der Geschichte keine aktive Rolle spielt. Die Prinzessin ist es, die sich in Wind und Wetter auf den Weg wagt, um nach ihrem Lebenspartner zu suchen, sie ist es, die den eigenen Status unbeirrt verteidigt und ihre Suche erfolgreich zu Ende bringt. So gesehen besteht kein Anlass, sie als armes Hascherl zu bemitleiden.

Die Sozialhistorikerin Bea Lundt erinnert die Geschichte der Prinzessin an uralte Initiationsriten: Die Phase der Kindheit geht zu Ende, und dieser Übergang ist mit Schmerz und Angst verbunden. In ungewohnten Situationen muss die junge Frau sich eigenständig bewähren, mit Hilfe von Prüfungen wird sie rituell in die Welt der Erwachsenen aufgenommen. Mit der Erbse, einem uralten Symbol für Fruchtbarkeit, macht die Königin der zukünftigen Schwiegertochter und Nachfolgerin eine symbolische Mitteilung: Auch auf echte Prinzessinnen warten schwierige Zeiten, Geburt und Wochenbett.

»Nicht die Kontinuität einer anspruchsvollen Luxusorientierung wird also vorgeführt, sondern gerade der Kontrast zwi-

schen der Kindheit und dem Dasein als erwachsene Frau und Königin mit ihrer großen Verantwortung für die Fortsetzung der Herrschaft. Die Prinzessin zeigt Einsicht in das Ausmaß zukünftiger Belastungen und läuft nicht davon, sondern hält daran fest, die Ehe mit dem Thronfolger eingehen zu wollen. Mit ihrem Klagen verabschiedet sie sich von ihrer unbekümmerteren Mädchenzeit.«

Die Prinzessin bin ich!

»Eigentlich geht es ihr doch gar nicht um den Prinzen. Was sie sucht und findet, ist die Erbse«, meint dagegen die amerikanische Schriftstellerin Vivian Gornick in einer ausführlichen Würdigung ihres Lieblingsmärchens. In dem Herausspüren des kleinen, runden Störenfrieds unter zwanzig Eiderdaunendecken vergewissere sich die Prinzessin ihrer selbst. Wie viele Frauen ziehe sie aus der ständigen Unzufriedenheit heimlich Gewinn, nutze die vermeintliche Opferrolle als Schutzschild gegen jegliche Forderung, in eigener Sache aktiv zu werden, sich positiv für etwas zu entscheiden und dazu zu stehen. Die ewige Mäkelei werde schnell zur Lebenseinstellung, ein Teil der eigenen Identität.

Prinzessinnen im World Wide Web

»Prinzessin auf der Erbse« ist nicht nur ein Spitzname für neckische Genitalpiercings, sondern auch ein beliebtes Inkognito in Internet-Chatrooms. Überhaupt ist das Internet offenbar ein wahrer Tummelplatz für Prinzessinnen mit Erbsendiplom. Wer »prinzessin.de« ansurft, landet bei einem Forum, das allein echten Prinzessinnen vorbehalten ist. Bei »princess-and-the-pea.com« wartet ein farbenfrohes Zeichentrickvergnügen, bei »realprincess.com« eine interaktive Märchenversion mit einem originellen Computerspiel: Die Prinzessin steht vor dem Schloss und will hinein, aber die Sonne scheint – und bekanntlich darf sie nur bei Regen klopfen. Mit einem Erbsenblasrohr muss sie deshalb die am Himmel vorüberziehenden weißen Wolken treffen und zum Regnen bringen, bis das Wasser den Burggraben füllt. Erwischt sie aus Versehen eine graue Wolke, wird sie vom Blitz getroffen und sinkt zu Boden.

Natürlich wird der Text des Märchens auch in diversen Märchensammlungen im Internet wiedergegeben – besonders erwähnenswert, weil mit bewegten Bildern herrlich kitschig illustriert, auf Lu's Magical Website »happylu.de«.

Unter »prinzessin-erbse.de« findet sich im Internet außerdem ein Onlineshop für Kinder und Kinderzimmer, unter dem englischen Märchentitel »The Princess and the Pea« firmieren ein Matratzenladen in England, ein Inneneinrichter in Kalifornien und ein Hersteller von handgesiedeten Seifen für besonders empfindliche Haut in Kanada.

Wer sich den englischen Märchentitel ins Gedächtnis ruft, versteht auch das köstliche Wortspiel, unter dem man Prinzessin Dianas Affäre mit dem Reitlehrer James Hewitt, einem offenkundigen Spatzenhirn, in England kennt: »The Princess and the Pea-Brain«.

Wenn Vivian Gornick selbstkritisch sich und andere in der »Prinzessin auf der Erbse« wieder erkennt, ist sie damit nicht allein. Kein Wunder, denn mit ihr hat Hans Christian Andersen neben allem anderen auch ein Selbstporträt geschaffen. Und wie es für verfremdete Selbstdarstellungen großer Künstler typisch ist, weisen sie über das Schicksal das Einzelnen weit hinaus und bringen in ihren Leserinnen und Lesern eigene Saiten zum Schwingen.

In seiner Autobiographie »Das Märchen meines Lebens« hat Andersen eifrig an der rosig verklärten Legende vom gemütlichen Märchenonkel gestrickt. Glaubt man den zahlreichen Zeugnissen seiner Zeitgenossen, seinen vielen Briefen und umfangreichen Tagebucheintragungen, ergibt sich aber ein ganz anderes Bild: Der weltberühmte Dichter war in Wahrheit eine gefürchtete Nervensäge, ein schrulliger Kauz mit unzähligen Marotten, ein rastloser Hypochonder, der es seiner Umwelt nicht immer leicht machte, eigentlich aber sich selbst die größte Last war. Er war ein Mensch, der nie wirklich in sich selbst ruhte, sondern stets alle Antennen nach außen gerichtet hielt, sich in jedem Augenblick des eigenen Werts erst vergewissern musste. Er habe »Ohren und Augen an den Fingerspitzen«, sagte er über sich selbst. Und: »Ich bin wie Wasser, alles bewegt mich, das gehört wohl zu meiner poetischen Natur, oft bringt es mir Freude und Glück, aber sehr oft ist es auch eine Qual.«

Märchenonkel mit Macken

Wie im Grunde alle Andersen-Werke trägt also auch die »Prinzessin auf der Erbse« deutliche autobiographische Züge. Hans Christian Andersen selbst ist die Prinzessin, die unter zwanzig Matratzen und zwanzig Eiderdaunendecken eine kleine Erbse spürt. Er war von Selbstzweifeln, Depressionen, Zwängen, Ticks und fixen Ideen gepeinigt, hatte ein Leben lang Angst, wie sein Vater und Großvater im Wahnsinn zu enden. Er steigerte sich in die Vorstellung hinein, bei einem Brand umzukommen oder lebendig begraben zu werden. Im Andersen-Museum in Odense ist bis heute das Seil zu sehen, das er überallhin mit sich führte, um sich im Brandfall aus dem Fenster herunterlassen zu können. Auf seinen Nachttisch legte er jeden Abend einen Zettel mit der Aufschrift: »Ich bin nur scheintot!«

Vor allem aber hatte er große Mühe, Positives zu genießen und Negatives abzustreifen. Er reiste durch die ganze Welt, nahm die höchsten Huldigungen entgegen und pflegte freundschaftlichen Umgang mit den Größten seiner Zeit – Heinrich Heine, Henrik Ibsen, Franz Liszt, Victor Hugo, Alexander von Humboldt, um nur einige wenige zu nennen –, brach aber wegen eines Verrisses in einem dänischen Provinzblatt in Tränen aus. Er ließ sich den mehrwöchigen Urlaub im Haus des von ihm hoch verehrten Charles Dickens vergällen, weil dessen große Kinder ihm bei der Ankunft nicht mit dem Reisegepäck geholfen hatten. Er konnte sich über einen vom preußischen König verliehenen Orden nicht freuen, weil er nur daran denken musste, dass ihm der dänische König noch keine solche Auszeichnung zugedacht hatte. Und das Schlimme war: Er litt nicht

einfach stumm vor sich hin. Wie die Prinzessin, die über ihre blauen Flecken klagt, posaunte er seine Unzufriedenheit in die Welt hinaus, forderte ständig Lob und Zuwendung ein, überhäufte selbst seine besten Freunde mit Vorwürfen, fühlte sich von ihnen vernachlässigt, nicht ausreichend gewürdigt oder falsch behandelt, trug ihnen jahrelang selbst die kleinsten Kränkungen nach und nervte bei jeder Gelegenheit mit den gleichen ollen Kamellen.

Ein Zeitgenosse, der norwegische Dichter Björnstjerne Björnson, schrieb ihm ganz offen über seine ewige Zimperlichkeit: »Weiß Gott, ob Sie sich nicht vielleicht, wenn Sie dereinst in den Himmel kommen, umdrehen und Petrus bitten werden, das Tor zu schließen, damit es nicht zieht – falls Sie nicht lieber gleich am Tor umkehren, weil Sie im Gedränge jemand gestoßen hat.«

Gleichzeitig lobte Björnson aber auch Andersens Fähigkeit, gelegentlich über sich selbst zu lachen. Tatsächlich war Andersen in klaren Momenten zur Selbsterkenntnis fähig, nannte seine Überempfindlichkeit beim Wort, sprach von seiner Seele als »Mimose, die nicht das geringste verträgt« und nutzte ein scheinbar von ganz anderen Dingen handelndes Märchen dazu, die eigenen Schrullen zu ironisieren, auf »diese Nachtseite« seiner Natur »ein Kerzenlicht« zu werfen. Und da es sich dabei um eine Eigenschaft handelt, die zumindest von der Tendenz her so mancher von sich kennt, hängte Hans Christian Andersen damit sich und vielen Seelenverwandten ein unübersehbares Spieglein, Spieglein an die Wand.

Happy End

Es ist ein klares, aber auch ein gefälliges, gnädiges Spieglein, das allen, die über ihre blauen Flecken lamentieren, sagt: Denk nicht an die kleine, harte Stelle, denk an die Matratzen und die Eiderdaunen! Vor kurzem standest du noch in Wind und Regen, jetzt liegst du in einem warmen Himmelbett. Es ist nur eine Erbse, die dich pikst, weiter nichts. Und morgen zum Frühstück erwartet dich ein heiratsfähiger Prinz.

Moderne Märchenerzähler verkaufen diese Botschaft unter Titeln wie »Sorge dich nicht, lebe!«. Und weil es bis heute so viele unerkannte Prinzessinnen gibt, erreichen sie damit Millionenauflagen.

Hans Christian Andersen hält darüber hinaus jedoch für alle, die sich in der Prinzessin ein Stück weit wieder erkennen, noch einen wunderbaren, märchenhaften Trost bereit: Schäme dich nicht für deine Empfindsamkeit! Mögen die anderen dich ruhig für ein Weichei halten, du bist etwas Besonderes – eine echte Prinzessin! Und nur so eine will der Prinz!

Den Prinzen zu bekommen, das weiß jedes Kind, ist die höchste Verheißung, die ein Märchen zu bieten hat: Es wird einer kommen, der dich als das erkennt, was du wirklich bist. Er wird dich sein lassen, wer du bist, und er wird es wertschätzen – ja, sich sogar so darüber freuen, dass er die Erbse, die ihm dein Wesen offenbart hat, in die Kunstkammer bringen lässt.

Und so hat dieses Märchen – bei aller Ironie – selbst für die flatterhaftesten Nerven eine beruhigende Botschaft parat: *Es wird alles gut!*

Ja, Andersen war sogar fürsorglich genug, auch die zweite Hauptdarstellerin seines Märchens, die Erbse, mit einem Happy End zu belohnen. In der Kopenhagener Kunstkammer kommt die kleine grüne Erbse ganz groß heraus!

Das soll uns Verpflichtung sein, nach der Prinzessin nun endlich auch sie gebührend zu würdigen. Schreiten wir also voran in die Kunstkammer und schauen wir uns die kleine grüne Wunderkugel etwas genauer an. Auch sie hat eine Geschichte und lädt uns zu märchenhaften Genüssen ein ...

Hochzeitsnacht mit Erbsen

»Prinzessin auf der Erbse« ist das Codewort für einen in Deutschland weit verbreiteten Hochzeitsstreich: Unter dem Bettlaken, der Matratze oder dem Bettvorleger des Brautpaars wird heimlich ein Päckchen Knallerbsen ausgestreut – auf dass die Hochzeitsnacht auch garantiert ein Knaller wird!

Damit sich zukünftige Bräute schon einmal spielerisch auf dieses romantische Ereignis vorbereiten können, gibt es die »Prinzessin auf der Erbse Barbie®«. Mit dieser Puppe »können Mädchen in die schöne Welt der Märchen eintauchen und die beliebtesten und bekanntesten Szenen originalgetreu nachspielen«, heißt es in der Werbung. Und auf der Packung steht: »Prinzessin auf der Erbse Barbie® bringt auf einem Kissen die berühmte Erbse mit – genau, wie du es aus dem Märchen kennst. Damit wird es leicht sein zu beweisen, dass diese Prinzessin von wahrem Adel ist! Sie trägt ein atemberaubend schönes Kleid in Türkis und hat ein goldenes Krönchen im Haar.«

Dazu hat Winning Moves® Games das passende Gesellschaftsspiel herausgebracht: »Es war einmal ein Mädchen, das wollte mit seinen Freundinnen viel Spaß haben. Ihre gute Mutter schenkte ihr das Spiel ›Prinzessin auf der Erbse‹, und wenn sie nicht gestorben ist, spielt sie es heute noch«, lautet der Werbetext. Und weiter: »Wie in Hans Christian Andersens beliebtem Märchen ›Die Prinzessin auf der Erbse‹ sucht der Prinz nach einer wirklichen Prinzessin. Die Prinzessinnen setzen ihre Betten über das Spielfeld und versuchen dabei, so viele Matratzen wie möglich einzusammeln. Die Prinzessin, die das höchste Bett aufgestapelt hat und als Erste das Feld mit der Krone erreicht, darf den Prinzen heiraten.«

Und die Flitterwochen? Nicht nur echten Prinzessinnen auf Hochzeitsreise, sondern allen weltenbummelnden Märchenfans sei »The Storybook Inn« im kalifornischen Städtchen Solvang empfohlen. Alle neun Zimmer des von der dänischstäm-

migen Familie Orton geführten kleinen Hotels sind nach Märchen von Hans Christian Andersen benannt und mit handverlesenen Antiquitäten liebevoll möbliert. Die ganz in Grün gehaltene »Prinzessin auf der Erbse« kostet während der Woche 133 Dollar, am Wochenende 174 Dollar pro Nacht. Wer einen Whirlpool möchte, muss sich für die etwas teurere »Kleine Meerjungfrau« entscheiden. Am preiswertesten, weil am spartanischsten, sind »Des Kaisers neue Kleider«. In jedem Fall im Preis inbegriffen aber ist der dänische Apfelkuchen, den Großmutter Anna Orton zum Frühstück backt.

Es war einmal ... eine Erbse!

»Es waren fünf Erbsen in einer Schote, die waren grün, und die Schote war grün, also glaubten sie, die ganze Welt sei grün, und das war ganz richtig!«

Hans Christian Andersen, *Fünf aus einer Schote*

Wenn uns das Märchen von der Prinzessin auf der Erbse etwas lehrt, dann doch wohl sicherlich, dass man ein Gemüse – und sei es auch noch so klein – nie unterschätzen soll! Tatsächlich ist die Erbse, die in England *pea*, in Frankreich *petit pois*, in Italien *pisello* und in Spanien *guisante* heißt, eine kleine grüne Wunderpille mit diversen gesunden Inhaltsstoffen und hohem ernährungsphysiologischem Wert.

Alles im grünen Bereich

Die Erbse gilt als Gartengemüse mit dem höchsten Eiweißgehalt (bei getrockneten Erbsen sogar bis zu 23 Prozent). Zusätzlich hat sie reichlich Vitamine und Mineralstoffe im grünen Gepäck. Besonders erwähnenswert ist der Gehalt an Vitamin B_1, B_2, Niacin und Folsäure. Auch bei Kalium, Magnesium, Ei-

sen und Lecithin hat die Erbse im Vergleich zu anderen Gemüsesorten deutlich die Nase vorn.

Auffallend ist auch der hohe Gehalt an Ballaststoffen, die nicht nur für eine lange Sättigung, sondern auch für eine gute Verdauung sorgen. Dazu kommen Kohlenhydrate, je nach Sorte und Erntezeit in veränderlichen Anteilen von Zucker und Stärke. Sie verleihen frischen Erbsen den feinsüßlichen Geschmack und die zarte, leicht mehlige Konsistenz. Bei den ausgereiften Trockenerbsen ist der Eiweiß- und Kohlenhydratgehalt übrigens beträchtlich höher als beim Frischgemüse, das bei uns von Juni bis August Hochsaison hat.

Erwähnenswert ist außerdem ihr Reichtum an sekundären Pflanzenstoffen, denen vielfältige gesundheitsfördernde und krankheitsabwehrende Eigenschaften nachgesagt werden, darunter vor allem die als krebshemmend geltenden Protease-Inhibitoren und die den Cholesterinspiegel senkenden Saponine. (Wegen der Durchsetzungsfähigkeit dieser Pflanzenstoffe gegen freie Radikale gibt es übrigens sogar Kosmetik mit Erbsenextrakt.)

Wie andere Gemüsesorten enthält die Erbse dagegen kaum Fett. Und ihre sowohl umwelt- als auch äußerst verbraucherfreundliche Verpackung bringt die Erbse gleich mit: Dank der schützenden Schote ist sie besonders arm an Nitraten und Schadstoffen aus der Luft.

Kurz, die Erbse macht nicht nur als Märchenheldin selbst nach höchster Matratzenbelastung noch eine gute Figur. Sie gehört mit Fug und Recht in jede Kunst- und Speisekammer, denn sie ist ein ideales Nahrungsmittel für alle Liebhaber einer natürlichen und gesunden Vollwertkost.

Botanik

Angesichts all der förderlichen Inhaltsstoffe der Erbsen wundert es kaum, in einem Buchprospekt »Die Erbsen des Medicus« angekündigt zu finden – ein Tippfehler mit Tiefgang, denn als Stammgäste auf dem Speiseplan können Erbsen einiges zur gesundheitlichen Vorbeugung beitragen. Bestimmt hat der Medicus deshalb in einem »Grundkurs Botanik« auch Folgendes über die Erbsen gelernt:

Erbsen sind die in Hülsen bzw. Schoten sitzenden Samen einiger Gattungen von Schmetterlingsblütlern (botanisch: *Leguminosae* oder alt: *Fabaceae*), darunter die Gattung der Saat-, Acker- oder Esserbsen *Pisum sativum L.* Die einjährige Wickelranke stammt von einer Wildform ab, die in großer Formenvielfalt im östlichen Mittelmeerraum und Vorder- bzw. Mittelasien heimisch ist. Durch gezielte Züchtungen sind in aller Welt zahllose Sorten entstanden, die den jeweiligen Ansprüchen und Anbaubedingungen optimal angepasst sind.

Erbsenpflanzen bilden eine dünne, tief in den Boden eindringende Hauptwurzel mit wenigen, seitlich ausgebreiteten Nebenwurzeln, an denen sich nützliche, Stickstoff sammelnde Knöllchenbakterien ansiedeln. Aus diesem Grund sind sie als Gründünger für Gärten und Äcker beliebt. Der grüne, kletternd oder kriechend wachsende Stängel der Pflanze kann über zwei Meter lang werden. Aus den Achseln der breiten, direkt am

Stängel sitzenden Blätter wachsen ein bis drei Paar Laubblätter an einer Spindel, die in einer drei- oder fünffach verzweigten Ranke endet, mit deren Hilfe sich die Erbsenpflanze an Gittern oder anderen Rankhilfen festhalten kann. Ebenfalls in den Blattachseln stehen die ein- bis dreiblütigen, traubigen Blütenstände mit bis zu über drei Zentimeter langen, duftenden Blüten. An ihnen wird die enge Verwandtschaft zur herrlich blühenden Gartenwicke deutlich, die auf englisch treffend *sweet pea* heißt.

Die Erbsenpflanze befruchtet sich meist selbst, je nach Witterung kommt es aber auch zur Fremdbestäubung durch Insekten, die durch den Duft des Blütennektars angelockt werden. Aus den befruchteten Blüten wachsen drei bis zwölf Zentimeter lange und ein bis zweieinhalb Zentimeter breite Hülsen heran. Diese Hülsen sind rund bis abgeflacht, an beiden Enden kurz zugespitzt, meist gerade bis leicht gekrümmt und glatt bis leicht gerauht. Bei der Ernte sind sie, je nach Sorte und Reifegrad, grün bis hellbraun oder gelb.

In den Hülsen stecken vier bis zehn runde, drei bis neun Millimeter große Samen, die glatt oder runzlig, dunkelbraun oder grüngelb, weißlich oder grün aussehen können.

Sortenreichtum

Weil sie Stickstoff aus der Luft binden und dem Boden zuführen können, werden von den mehr als 80 Erbsensorten einige in der Landwirtschaft großflächig als natürliche Gründüngung angebaut. Im Rahmen der Fruchtfolge fördern sie das Bodenleben und gelten als hervorragende Vorfrüchte für Getreide und Kartoffeln. Als Eiweißlieferant spielen Futtererbsen als Alternative zu Sojabohnen außerdem bei der Viehfütterung eine wichtige Rolle.

Für die menschliche Ernährung sind drei Sorten wichtig: Palerbsen, Markerbsen und Zuckerschoten.

Palerbsen *(Pisum sativum ssp. sativum convar. sativum)* sind kugelig und glatt, gelb oder grün. Süß sind sie nur, wenn sie noch ganz jung sind. Später verwandelt sich der Fruchtzucker in Stärke, die für den leicht mehligen Geschmack verantwortlich ist. Palerbsen bleiben bei der Reife rund und sind gut als Trockenerbsen geeignet. Angeboten werden sie beispielsweise als *gelbe Schälerbsen* oder *grüne Trockenerbsen*.

Markerbsen *(Pisum sativum ssp. sativum convar. medullare)* sind in der Form oft ein wenig runzelig und leicht eckig. Wegen des hohen Zuckergehalts schmecken sie angenehm süß. Sie müssen jung (»grünreif«) geerntet werden, denn während der weiteren Reife schrumpfen sie zu kantigen Körnern zusammen, die beim Kochen hart bleiben und deshalb nicht als Trockenerbsen nutzbar sind. Markerbsen werden deshalb frisch verwendet, tiefgefroren oder in Dosen konserviert.

Als junge Früchtchen sind Pal- und Markerbsen äußerlich kaum zu unterscheiden.

(»They are as like as two peas in a pod« sagt man im Englischen – in Deutschland meint man eher, ein Ei gleiche dem anderen.) Die Unterschiede werden erst mit zunehmender Reife deutlich.

Zuckererbsen oder Zuckerschoten *(Pisum sativum ssp. sativum convar. axiphium)* werden im jungen, unreifen Zustand geerntet. Weil die Schale innen noch keine Pergamenthaut entwickelt hat, schmecken sie süß und zart und können als ganze Schoten genossen werden – *mange tout* werden sie in Frankreich deshalb auch treffend genannt. Sie sind frisch oder tiefgefroren im Angebot. Der Name weist auf den besonders hohen Zuckergehalt der jungen Schoten hin. Weil der Zucker auch nach der Ernte noch laufend in Stärke umgewandelt wird und sich der lieblich-süße Geschmack rasch verflüchtigt, sollten sie möglichst ganz, ganz frisch verwendet werden. Wegen ihres noblen Charakters werden Zuckererbsen mancherorts auch »Kaiserschoten« genannt. Anfänglich galten sie als Leckerei für feine Damen. In vornehmen Kreisen galt es als besonders zuträglich, vor dem Schlafengehen noch ein Tellerchen grüne Zuckerschoten zu verspeisen.

Kichererbsen *(Cicer arietinum L.)* gehören zu einer anderen Gattung der Hülsenfrüchte und stammen wahrscheinlich von der wild wachsenden *Cicer reticulatum* L. ab. In Kleinasien waren sie schon vor 8000 Jahren im Anbau und wurden von dort in den Mittelmeerraum und nach Indien verbreitet. Heute werden Kichererbsen rund ums Mittelmeer, in Asien und in Lateinamerika als Gemüse angebaut. Die getrockneten Samen werden eingeweicht und beispielsweise für Eintöpfe oder Pürees verwendet.

Über die Herkunft ihres Namens gibt es verschiedene Theorien. Eine Legende besagt, als sie die arabische Feldfrucht zum ersten Mal in Händen hielten, hätten die hanseatischen Kaufleute das unbekannte Gebilde erstaunt besehen und auf der Unterseite einen kleinen Zipfel entdeckt. Tatsächlich sieht man, wenn man die Erbse mit dem Bürzel nach vorne hält, darunter eine waagerechte, leicht gekrümmte Kerbe. Mit viel Phantasie – eigentlich nicht gerade eine legendäre Eigenschaft der Hanseaten – kann man darin ein lachendes Gesicht erkennen. Jedenfalls hätten die Herren Erbsenimporteure aus diesem Grund die bis dahin namenlose Handelsware »Kichererbse« getauft.

Andere vermuten in dem Namen eine missverstandene Nachbildung des lateinischen Namens »Cicer«, zumal die Frucht im 16. Jahrhundert in unseren Breiten noch »Zisererbse« hieß. Ähnliches klingt in den englischen und französischen Bezeichnungen *chick-pea* und *pois chiche* an.

Eine weit gereiste Delikatesse

Ursprünglich war die Erbse in Vorderasien und im Mittelmeergebiet zuhause. Die ersten Funde aus dem frühen Neolithikum, also um 6750 v. Chr., stammen aus dem Irak. In Anatolien und im östlichen Griechenland wurden in steinzeitlichen Siedlungsschichten aus der Zeit um 6000 v. Chr. Erbsen gefunden. Aus der Mittelsteinzeit (Mesolithikum) bis zum Frühneolithikum (etwa 7800 bis 5300 v. Chr.) gibt es Erbsenfunde aus Israel (Jericho), Syrien, Iran (Tigris) und Bulgarien. Bis heute wachsen dort wilde Erbsen, die von den Einheimischen gesammelt und gegessen werden.

In der Nähe von Sofia (Bulgarien) sind in Schichten aus der ältesten steinzeitlichen Ackerbaukultur (etwa 4800 bis 4600 v. Chr.) Erbsen zusammen mit Linsen, Einkorn, Emmer, Nacktgerste und anderen Nutzpflanzen ausgegraben worden. Aus Jugoslawien sind vier Funde aus der Zeit der ältesten Ackerbaustufe (5300 bis 4500 v. Chr.) bekannt. In Polen und Deutschland fand man Erbsen in Siedlungen von Bandkeramikern (um 4500 v. Chr.). Anscheinend ist die Erbse mit dieser ältesten Ackerbaukultur über den Balkan nach Europa gekommen. Auch die Schweizer Pfahlbauer um den Bielersee (rund 4000 v. Chr.) hatten die Erbse schon auf dem Speiseplan.

Im 2. Jahrtausend v. Chr. bis in die Eisenzeit wurde die Erbse in ganz Europa angebaut und war für die Ernährung von Mensch und Tier äußerst wichtig. Aus dem Vergleich verschiedener Funde wissen wir, dass die Größe der Samen mit der Zeit deutlich zunahm. Und auch die alten Griechen und Römer schätzten die Erbse, wie zahlreiche Hinweise und Funde belegen.

Ein Dorf namens Erbsen

975 n. Chr. wurde erstmals ein Dorf bei Göttingen im südlichen Niedersachsen urkundlich erwähnt, das sich bis auf den heutigen Tag »Erbsen« nennt und bis 1973 noch eine selbst-

ständige Gemeinde war (heute ist es ein Ortsteil des Fleckens Adelebsen). Wie die Bürgermeisterin, Frau Stock, mir bei einem Besuch erklärte, geht der Name des heute etwa 400 Seelen zählenden Fachwerkdörfchens jedoch nicht auf die Hülsenfrucht, sondern auf den Personennamen Erp zurück, mit dem der Gründer oder Grundherr des Ortes gemeint gewesen sein könnte. 975 hieß das Dorf deshalb »Erpeshusun« (»Erps Haus«), in späteren Jahrhunderten wurde der Name zunächst auf »Erpssen« und dann auf »Erbsen« verkürzt.

Das erst 1952 geschaffene Wappen des Ortes zeigt denn auch zwar eine blühende Pflanze, aber nicht die Erbse (deren wunderschöne Blüte sicherlich auch wappenwürdig gewesen wäre!), sondern die der unter Naturschutz stehenden, sehr seltenen Türkenbundlilie, die in der Umgebung von Erbsen bis heute zu finden ist.

Im Mittelalter galt die Erbse als Symbol der Fruchtbarkeit. Aus dem »Capitulare« von Karl dem Großen wissen wir, dass sie zu seiner Zeit in Europa in großem Umfang angebaut wurde. Die Kräuterbücher des 16. Jahrhunderts beschrieben »Kleine Felderbsen« mit weißen Blüten und »Große Gartenerbsen« mit rosa oder roten Blüten, die niederliegend wachsen und mit Stecken gestützt werden müssen. Im 16. und 17. Jahrhundert wurden auch die ersten Erbsen erwähnt, die mit der Hülse gegessen werden konnten (offenbar Zuckererbsen). Im 19. Jahrhundert gelangte die Erbse auch nach Nordamerika.

Die größten Erbsenanbauflächen liegen heute in Europa, in den USA, in China und in Indien. Lediglich fünf Prozent der Ernte sind allerdings für den Frischmarkt bestimmt, der weitaus größte Teil gelangt in die Lebensmittelindustrie und wird zu Konserven oder Tiefkühlprodukten verarbeitet.

Das Land, wo Mendels Erbsen blühen

Einmal aber trat die Erbse noch aus dem Dunkel der Geschichte, nämlich als vegetabiles Versuchskaninchen des Vaters der Vererbungslehre, Gregor Mendel. Bei Kreuzungsversuchen mit insgesamt 34 Erbsensorten entdeckte der Mönch und Wissenschaftler 1865 die uns allen aus dem Biologieunterricht bekannten Mendel'schen Gesetze für die Vererbung charakteristischer Merkmale von einer Generation zur nächsten. Mit dieser Entdeckung legte Mendel den Grundstein für die moderne Genetik, denn bis dahin hatten die Menschen – auch Darwin – sich die Vererbung als bloßes Verschmelzen der elterlichen Merkmale vorgestellt. Mit seinen Erbsenversuchen konnte Mendel nachweisen, dass diese Merkmale eigenständige Einheiten sind (lange Zeit nannte man sie »Mendel-Faktoren«, heute nennen wir sie Gene). Doch nicht nur das, er konnte auch zeigen, dass sie unabhängig voneinander an die nächste Generation weitergegeben werden und dabei einem mathematisch vorhersagbaren Muster folgen.

Für die Erbse als Versuchsobjekt entschied sich Mendel wegen ihrer großen Blüten und der Vielfalt an Varietäten (z. B. Länge und Farbe des Stängels, Größe und Form der Blätter, Stellung und Farbe der Blüten usw.). Ausschlaggebend war zudem, dass sich die Erbse selbst befruchten kann.

Wie viele andere bahnbrechende Entdeckungen auch wurden Mendels Erkenntnisse vom herrschenden Wissenschaftsbetrieb erst einmal beharrlich ignoriert. Seit ihrer Wiederentdeckung Anfang des 20. Jahrhunderts gehören sie jedoch zum Grundwissen der Menschheit.

Die Abtei St. Thomas in Brünn (tschechisch *Brno*), in der Gregor Mendel von 1843 bis zu seinem Tod 1884 lebte und wirkte, gehört heute zur Tschechischen Republik, wurde 1950 vom Staat enteignet und erst vor einigen Jahren wieder an den Augustinerorden zurückgegeben. Derzeit wird sie renoviert und soll wieder ein Zentrum der Genetik werden. Dazu gehört auch die Neuanlage des Gartens, in dem Mendel seine Erbsen züch-

tete. Anhand lebender Pflanzen, vor allem Erbsen und Wicken, soll die Mendel'sche Vererbungslehre sichtbar gemacht werden. Im angeschlossenen Mendel-Museum sind zahlreiche Dokumente und erklärende Animationen zu sehen – für alle Erbsenpilger ein lohnendes Ausflugsziel!

Eine Zwergen- und Götterspeise

Dass eine uralte Kulturpflanze wie die Erbse in Volkskult und Aberglauben eine große Rolle spielt, ist sicherlich kein Wunder. In ganz Deutschland bekannt z. B. ist der »Erbsenbär«, ein mit Erbsenstroh umwickelter junger Mann, der auf allen vieren im Fastnachts-, Ernte-, Kirmes- oder Brautumzug mittanzt. Ebenso verbreitet ist die »Erbsenmutter«, die aus den letzten Stängeln, Blättern und Schoten der Jahresernte gebunden wird.

Vielleicht wegen ihrer kleinen, handlichen Form galt die Erbse von jeher als Leibspeise der Zwerge. »Ein Bauer hatte ein schönes Erbsenfeld«, heißt es z. B. in einer alten Sage, »aber als es zur Ernte ging, wurden die Schoten leerer und leerer, und wenn er sich auf die Wacht stellte, um den Dieb zu fangen, hörte er's rascheln, sah aber niemand. Da nahm er denn einmal seinen Knecht mit hinaus, den ließ er das eine Ende eines Stricks fassen, er aber nahm das andere in die Hand, und so liefen sie das Erbsenfeld auf und nieder und rissen den Zwergen die Nebelkappen ab. Da waren sie gefangen und haben dem Bauern die Erbsen teuer bezahlt, dass sie nur ihre Nebelkappen wiederbekamen, und sowie sie die hatten, hui! waren sie fort.«

Aber auch Donar, der germanische Donnergott, hatte einen Narren an der Erbse gefressen. In manchen Gegenden kamen Erbsen deshalb bevorzugt am Donnerstag auf den Tisch. Und »weil der Donar nach der Christianisierung als Teufel betrachtet wurde, rührt von Donars Vorliebe für die Erbsen die Redensart ›auf dem hat der Teufel Erbsen gedroschen‹ für jemanden mit pockennarbigem Gesicht.«

Überhaupt waren Erbsengerichte in alter Zeit eine Kultspeise, die zu bestimmten Zeiten, z. B. zu Fastnacht, Johanni und eben am Donnerstag gegessen wurde. Ebenso gab es Speiseverbote für Erbsengerichte, z. B. am Karfreitag und in den »Zwölfnächten« (den zwölf Tagen zwischen Weihnachten und dem Dreikönigstag). Mancherorts waren Erbsengerichte sogar an allen anderen Tagen außer dem Donnerstag tabu. Wer gegen diese Regeln verstieß, glaubten unsere Vorfahren, wurde durch Geschwüre und andere Krankheiten bestraft.

Heiratsorakel, Totenkult und Zauberglauben

Vor allem galten Erbsen als Fruchtbarkeitssymbol, das bei Pflanzen, Tieren und Menschen gleichermaßen Wunder wirkte. So schlug man mit erbsengefüllten Säckchen an die Stämme von Obstbäumen, damit sie besser trugen, verfütterte Erbsen zu Weihnachten an die Hühner, damit sie im folgenden Jahr mehr Eier legten, warf am Polterabend Erbsen gegen das Fenster der Brautleute, überschüttete die Braut mit Erbsen und servierte Erbsen zum Hochzeitsessen.

In ganz Europa verbreitet waren Heiratsorakel mit Hülsen, die neun Erbsen enthielten. Fand ein Mädchen beim Erbsen palen eine solche Hülse und legte sie über die Tür, so war der nächste eintretende Mann ihr zukünftiger Gatte.

Überhaupt wurde Hülsen mit neun Erbsen eine besondere Zauberkraft zugesprochen. Mit ihrer Hilfe glaubte man, anderen Geschwüre anhexen oder Fuhrwerke zum Umstürzen bringen zu können. Erbsen aus anderen Schoten dienten zum Vertreiben von Warzen: »Die Warze wird mit einer Erbse gerieben und diese in ein Tüchlein eingebunden, das man hinter sich wirft.« Gegen Gelbsucht, Gicht, Masern und allzu zögerlich einsetzende Wehen gab es andere Erbsenrezepte. Besonders anheimelnd klingt der Erbsenzauber gegen Zahnschmerzen: »Man zerbeißt Erbsen auf dem Kirchhof und wirft sie in ein frisches Grab.«

Apropos frisches Grab – auch beim Totenkult durfte die Erbse nicht fehlen: Wer erfahren wollte, wer im folgenden Jahr starb, brauchte sich bloß in der Neujahrsnacht auf ein Büschel Erbsenstroh zu setzen. Erbsensuppe war die übliche Speise bei Leichenschmäusen und Totenwachen. Auf Erbsenstroh, hieß es, »stirbt man leicht«. Und schließlich wurden den Toten Erbsen mit ins Grab gegeben.

Bis heute gebräuchlich ist der spöttische Schimpfname »Erbsenzähler« für einen Menschen, der das Wesentliche aus dem Blick verliert und sich stattdessen an unwichtigen Details festbeißt, anderen mit ihrer Krittelei den Spaß verdirbt und sich bei jeder Gelegenheit als Pingelmeier, Kleinigkeitskrämer und Jonny Controletti aufführt. »Emil Erbsenzähler« ist eine beliebte Sammelfigur aus dem Überraschungsei.

Windopfer und Aussaattage

Wie wichtig eine gute Erbsenernte für eine erfolgreiche Vorratswirtschaft war, zeigt die Tatsache, dass sich diverse Bauernregeln mit ihr befassen. Danach ist es um die Ernte gut bestellt, wenn an Fastnacht die Sonne scheint, wenn sich im Frühjahr viel Frösche zeigen oder wenn es viele Tannenzapfen gibt.

Zahlreiche Überlieferungen ranken sich um günstige und ungünstige Saat- und Erntetage, z. B: »Erbsen säe Ambrosius, so tragen sie reich und geben gut Mus.« Als besonders vielversprechende Saattage galten außerdem der Gründonnerstag, der Karfreitag, der Hiobstag, der Matthiastag, der Markustag (dann würden die Erbsen »markig«), der 100. Tag des Jahres (dann trügen sie hundertfache Frucht) und der Wochentag, an dem der erste Schnee gefallen war. Empfohlen wurde, sie bei abnehmendem Mond, zur Zeit der »weichen« und »wässrigen« Tierkreiszeichen (Fische, Wassermann, Jungfrau, Waage, Zwillinge) und nur bei Süd- oder Westwind zu säen. Die ersten drei Hand voll sollten dabei gegen den Wind geworfen werden, um ihn durch dieses Opfer gnädig zu stimmen.

In seinem 1515 erschienenen Handbuch für die Landwirtschaft schrieb der Engländer Thomas Tusser: »Sä' Erbsen und Bohnen, wenn der Mond abnimmt, der sie früher sät, der sät sie zu früh, dass sie mit den Planeten ruhen und aufgeh'n, gedeihen und tragen in Fülle und Weisheit.«

Dass an manch alter Bauernregel, vor allem aber auch an den Beobachtungen über günstige und ungünstige Aussaattage im Zusammenhang mit den jeweiligen Mondphasen und dem Stand der Planeten durchaus etwas dran ist, wissen viele Biogärtnerinnen und Biogärtner aus eigener Erfahrung und orientieren sich daher an den z. B. im »Kalender für den Biogarten« (pala-verlag) veröffentlichten Aussaattagen.

Erbsen aus dem eigenen Garten

Erbsen sind ganz einfach selbst zu ziehen. Die Tatsache, dass sie an ihren Wurzeln mit Knöllchenbakterien eine Symbiose eingehen und den in der Luft enthaltenen Stickstoff binden, damit also sowohl sich selbst als auch den Boden düngen und keinen zusätzlichen Dünger benötigen (und auch gar nicht vertragen), macht sie für den Biogarten und den ökologischen Landbau besonders interessant.

Beachtet werden muss lediglich, dass Erbsen nicht mit sich selbst verträglich sind, also nicht mehrere Jahre hintereinander auf ein und demselben Beet angebaut werden können. (Das Gleiche gilt übrigens auch für ihre wohl duftenden Verwandten, die Wicken, weshalb die bunte Wickenhecke jedes Jahr an eine andere Stelle wandern muss.)

Was den Boden betrifft, sind Erbsen gegen Extreme empfindlich. Schwere, tonige, aber auch stark sandige Böden können sie nicht verkraften. Ansonsten sind sie eher anspruchslos. Etwas Kompost und höchstens ein wenig Steinmehl oder Holzasche genügen ihnen als Beigaben vollkommen. Auch mit der sonst im Biogarten überall so erfolgreichen Brennnessel-Jauche sollte man um das Erbsenbeet lieber einen Bogen machen.

Bei der Auswahl des Standorts und bei der Mischkultur ist zu bedenken, dass Erbsen sich mit Dill, Fenchel, Gurken, allen Kohlarten, Kopfsalat, Möhren, Radieschen, Zucchini, Rettich, Endivien, Grünspargel, Mangold und Rhabarber bestens vertragen. Bohnen, Kartoffeln, Knoblauch, Lauch, Zwiebel und Tomaten dagegen sind schlechte Nachbarn der Erbsen und sollten deshalb mit gebührendem Abstand angebaut werden.

Mit der Aussaat von Palerbsen kann man schon Mitte bis Ende März beginnen. Gegen kaltes Frühlingswetter sind sie unempfindlich, Temperaturen ab 4 °C reichen ihnen zum Keimen. Ab Mitte April folgen dann die Markerbsen und Zuckererbsen, die einen etwas wärmeren Boden brauchen. Die Samen werden alle 2 bis 3 Zentimetern in 4 bis 6 Zentimeter tiefe Rillen gelegt. Der Reihenabstand sollte 30 bis 40 Zentimeter betragen. Ist die Erde trocken, können die Samen vorher eine halbe Stunde in Wasser gelegt werden. Weil die nahrhaften Samen bei hungrigen Vögeln als Delikatesse gelten, empfiehlt es sich außerdem, die zugedeckten Furchen mit Maschendraht oder dichtem Reisig zu schützen. Wer möchte, kann die Saat zur rascheren Keimung außerdem mit Frühbeetfolie abdecken.

Erbsen keimen aber auch von sich aus schnell. Dann müssen sie recht bald angehäufelt werden, damit die Vögel die jungen Sprieße nicht abfressen und die Pflanzen einen festeren Stand bekommen. Niedrige Sorten brauchen keine Rankhilfen, hohe Sorten sind auf die Stütze von Reisern oder Maschendrahtwänden angewiesen. Nach der Blüte wachsen sehr schnell die ersten Schoten. Geerntet wird mehrmals je nach gewünschtem Reifegrad. Dabei das Naschen nicht vergessen – frisch aus der Schote gleich im Garten schmecken junge, süße Erbsen am allerbesten!

Einige Schoten können ganz ausreifen und als Saatgut weiterverwendet werden. Nach der Ernte sollten nur die oberirdischen Teile der Erbsenpflanzen abgenommen und die Wurzeln mit den Knöllchenbakterien im Boden belassen werden. Einen besseren natürlichen Stickstoffdünger kann man sich nicht wünschen!

Mit Kindern Erbsen auf der Fensterbank ziehen

In seinem Märchen »*Fünf aus einer Schote*« erzählt Hans Christian Andersen, wie eine zufällig in der Dachtraufe vor einem kleinen Mansardenfenster wachsende Erbsenpflanze einem kranken Mädchen zu neuem Lebensmut verhilft. Auch in diesem Fall erwies sich Andersen als guter Erbsenkenner, denn zu den erstaunlichen Eigenschaften der Erbse (und aller anderen Hülsenfrüchte) gehört, dass sie so gut wie überall und in geradezu atemberaubender Geschwindigkeit keimen und wachsen kann.

Das ist natürlich genau das Richtige für wissbegierige Kinder, die nicht lange warten wollen, bis sich beim Experimentieren mit Pflanzen etwas regt. Einer jungen Erbsenpflanze können sie jeden Tag beim Wachsen zusehen und die Entfaltung von Keim, Blättern und Blüten genau verfolgen. Wird dafür zum Anfang ein durchsichtiges Glasbehältnis verwendet, sind auch die allerersten Stadien gut zu sehen.

Man nimmt zum Beispiel ein altes Marmeladenglas und befüllt es locker mit Watte, die von nun an gut feucht gehalten werden muss. Wichtig ist, den Erbsensamen so hinein zu stecken, dass er von außen gut sichtbar ist, und das Glas an einen hellen und sonnigen Ort zu stellen. Nach wenigen Tagen erscheint der Keim, dann der Stängel, und bald kommen die ersten Blätter. Nun kann die Erbse in Erde umgepflanzt und der Stängel mit einem Stöckchen oder einer Schnur gestützt werden. Wer das Experiment im Frühjahr startet, kann die Pflanze nach draußen in den Garten oder in einen größeren Topf auf den Balkon umsetzen. Schon ein einziges Pflänzchen kann zur Erntezeit eine kleine Erbsenmahlzeit erbringen. Einige Samen können getrocknet und für den nächsten Durchlauf aufbewahrt werden.

Eine nette Idee ist es auch, mit Kindern von den verschiedensten Hülsenfrüchten (z. B. Erbsen, Linsen, Kidney-, Pinto- und Feuerbohnen) jeweils eine Pflanze anzuziehen und aus dem Ertrag bunte Bilder und Ornamente zu legen oder zu kleben.

Erbsen richtig aufbewahren
Da Erbsen nach dem Pflücken nachreifen und der Zucker sich in Stärke verwandelt, sollten sie möglichst

bald verbraucht werden. In den Schoten halten sie sich im Gemüsefach des Kühlschranks – am besten in ein feuchtes Tuch gewickelt – zwei Tage lang frisch.

Zur längeren Aufbewahrung von frischen Erbsen empfiehlt sich das Tiefgefrieren, zumal Erbsen dabei weder ihr zartes Aroma noch ihren Nährwert einbüßen. Auf diese Weise bietet sich selbst verwöhnten Gaumen auch außerhalb der kurzen Frischsaison die Möglichkeit zum Erbsenschlemmen.

Die gepalten Samen sollten etwa zwei Minuten blanchiert werden, danach gibt man sie in Eiswasser, um den Garvorgang zu stoppen, und legt sie im Gefrierbeutel in den Kälteschlaf. Wenn man sie vorher auf einem Tablett ausgebreitet einfrieren lässt und erst dann in Beutel füllt, bleiben sie rieselfähig und portionierbar. Gefrorene Erbsen sind etwa zwölf Monate haltbar.

Reife Palerbsen können an einem warmen Ort zum Trocknen ausgebreitet werden. Es lohnt sich, sie bei der Gelegenheit noch einmal gründlich zu verlesen und nur einwandfreie Hülsenfrüchtchen zu verwenden. Die getrockneten Erbsen werden in luftdichte Gefäße gepackt und können mehrere Jahre lang aufbewahrt werden.

Was es beim Erbseneinkauf zu beachten gilt

Erntefrische Zuckerschoten werden im Juni und Juli angeboten. Je kleiner die noch unreifen grünen Erbsen, desto zarter die ganze Schote. Zuckerschoten sollten fest und knackig sein, keine Makel aufweisen und leuchtend grün aussehen. Um in den vollen Genuss ihrer feinen Süße zu kommen, sollten Zuckerschoten möglichst noch am gleichen Tag verzehrt werden.

Auch frische Erbsen werden zwischen Juli und September in der Schote angeboten. Man achte darauf, dass die Schoten glatt und grün sind, also weder gefleckt noch gelblich oder strohig aussehen. Zeichnen sich durch eine leicht trockene Schale die Konturen der einzelnen Erbsen ab oder sehen die Schoten wie mit Mehl bepudert aus, sind sie zu spät geerntet worden. Ein gelblicher Blütenansatz weist darauf hin, dass die Schoten nicht mehr ganz so frisch sind. Weil aus dem Zucker längst Stärke geworden ist, können selbst zarte Markerbsen dann mehlig werden und leicht bitter schmecken. Wer auf Nummer sicher gehen möchte, kann probeweise eine Hülse öffnen und kosten.

Wenn es in den Sommermonaten auf dem Markt frische Erbsen gibt, sollte man unbedingt zugreifen. Außerhalb der Saison kann man bedenkenlos auch tiefgekühlte Erbsen nehmen, da bei diesem Gemüse beim Einfrieren Aromastoffe, Nährstoffe und Form gut erhalten bleiben. Gerade weil frische Erbsen schnell an Geschmack verlieren, wird ein Großteil der Ernte sofort eingefroren und kommt als Tiefkühlware in Bioläden und Supermärkte.

Ein anderer Teil wandert in Konservendosen. Vor allem die Geschmackseinbußen sind dabei nicht zu verkennen. Allerdings gibt es auch einige Gerichte, z. B. Salate mit Mayonnaisesaucen, die mit Dosenerbsen tatsächlich lecker schmecken.

Erbsen in Konserven werden – je nach ihrem Durchmesser – in unterschiedlichen Güteklassen angeboten. »Extra fein« bis 7 mm, »fein« bis 7,5 mm, »mittelfein« bis 8,5 mm und »mittelgroß« bis 9,5 mm. Auf dem Etikett der Konservendose muss außerdem stehen, welche Erbsenart enthalten ist.

Trockenerbsen gibt es als grüne und gelbe Sorten. Sie enthalten bis zu viermal so viel Eiweiß und Kohlenhydrate wie frische Erbsen. Die Samenschale ist hart und nicht unbedingt leicht verdaulich, weshalb getrocknete Erbsen oft geschält angeboten werden. Durch das Schälen wird die Oberfläche stumpf und anschließend blank poliert. Dabei zerfallen einige Erbsen, die dann als halbe geschälte Erbsen preiswerter zu haben sind. Vor dem Kochen müssen Trockenerbsen mehrere Stunden in kaltem Wasser einweichen und quellen.

Trockenerbsen sollten Sie in Bioqualität kaufen. Konventionell hergestellte Ware darf mit schwefliger Säure behandelt werden, was den B-Vitaminen nicht gut bekommt.

Prinzessinnen auf Öko-Erbsen

Erbshofen (dpea). – Aktivisten der Umweltorganisation GREEN-PEAS ketteten sich gestern an den Schornstein der Matratzenfabrik König, um gegen die nicht artgerechte Haltung von Erbsen zu protestieren. Die Aktivisten verteilten Flugschriften, in denen sie behaupteten, die Firma König würde einzelne Erbsen der unerträglichen Belastung von zwanzig Matratzen und zwanzig Eiderdaunendecken aussetzen, um die Druckausgleichskapazität ihrer Produkte zu prüfen. Dazu käme noch das Körpergewicht der von König eingesetzten Warentesterinnen, sodass die Erbsen nach den Berechnungen von GREEN-PEAS einem Gesamtgewicht von 350 bis 400 Kilogramm ausgesetzt seien. Viele Erbsen würden dem nicht standhalten und die grausamen Experimente mit ihrem Leben bezahlen.

Pressesprecher Prinz der Firma König bestritt die Vorwürfe. Für die Prüfungen würden nur die widerstandsfähigsten Erbsen aus ökologischer Freilandhaltung eingesetzt. Als Testerinnen kämen außerdem nur die zartesten, fliegengewichtigsten Models mit Prinzessinnensiegel in Frage. Er verwies auf die vielen Erbsen, die auf diese Weise vor dem Kochtopf bewahrt werden konnten und bis heute im Fabrikmuseum zu sehen sind.

GREENPEAS dagegen rief zum Boykott von König-Matratzen auf und forderte die sofortige Freilassung aller eingequetschten Hülsenfrüchte.

Tipps für die Zubereitung

○ Frische Erbsen in wenig Flüssigkeit zehn bis fünfzehn Minuten, Zuckerschoten höchstens sechs Minuten garen.

○ Damit sie ihre leuchtend grüne Farbe behalten, Erbsen in Eiswasser abschrecken oder einen Teelöffel Vollrohrzucker ins Kochwasser geben. Zucker unterstreicht auch das süße Erbsenaroma.

○ Das Palen frischer Erbsen ist eine ziemlich aufwändige Angelegenheit – für 500 g gut zehn Minuten einplanen. Aber die Mühe lohnt sich, denn frische Erbsen schmecken natürlich am allerbesten!

○ Im Englischen sagt man zwar, etwas Kinderleichtes sei »as easy as shelling peas« (»so leicht wie Erbsen palen«). Zum korrekten Palen gibt es jedoch – zumindest in Deutschland – zwei verschiedene Lehrmeinungen: Die Vertreterinnen und Vertreter der ersten brechen die Spitzen der Schoten ab, entfernen den Faden entlang der Nahtstelle, klappen die Schoten auf und palen dann die Erbsen heraus. Die Gegenfraktion öffnet die Schoten durch Druck auf die Naht und schiebt die Erbsen mit dem Daumen heraus. Entscheiden Sie durch Ausprobieren, welcher Schule Sie sich anschließen möchten.

○ Zuckerschoten nur waschen, Blütenansatz entfernen und die auf der Naht der Hülse sitzende Faser abziehen. Die Faser ist schwer zu beißen und schmälert die Zartheit des Zuckerschotengenusses.

○ Der feine, süße Geschmack von Zuckerschoten wird unterstützt, indem man das Gemüse nach dem Blanchieren kurz in etwas Butter mit Zucker und Salz durchschwenkt.

○ Zuckerschoten passen sehr gut zu allen Gerichten, bei denen sonst grüne Bohnen serviert werden. Lecker schmecken sie auch roh im Salat oder in einer bunten Gemüsepfanne aus dem Wok.

○ Zu Erbsen passen unter anderem folgende Kräuter: Basilikum, Petersilie, Minze, Estragon und Kresse.

○ Trockenerbsen müssen vor dem Kochen mehrere Stunden (z. B. über Nacht) eingeweicht werden. Dazu sollte das Wasser möglichst kalkarm sein. Stark kalkhaltiges Wasser vorher filtern oder abkochen und abkühlen lassen.

○ Salz, Essig oder Zitronensaft erst zugeben, wenn die Erbsen gegart sind, sonst kann es sein, dass sie nicht richtig weich werden.

○ Ein Schnellkochtopf kann die Kochzeit von Trockenerbsen erheblich verkürzen. Das ist immer dann praktisch, wenn man sich spontan für ein Erbsengericht entschließen will. Die Herstellerangaben zu den jeweiligen Garzeiten beachten!

○ Aus Erbsensamen lassen sich ganz leicht supergesunde Keime ziehen:

1. Eine Tasse ungeschälte Trockenerbsen waschen, verlesen und über Nacht in reichlich Wasser quellen lassen.

2. Die gequollenen Erbsensamen in ein Einmachglas geben und dieses mit Gaze und einem Gummiring verschließen. Das Glas bei Zimmertemperatur schräg mit der Öffnung nach unten stellen und die Samen zweimal täglich durch die Gaze spülen. Das Wasser ablaufen lassen und das Glas wieder wie beschrieben aufstellen.

3. Nach 3 bis 4 Tagen können die Keimlinge geerntet werden. Sie sollen knackig-frisch aussehen und süßlich-nussig schmecken.

○ Zuckerschoten und ganz junge Markerbsen können für Salate auch roh verwendet werden. Für die meisten Menschen werden sie bekömmlicher, wenn man sie vorher in kochendem Salzwasser ein bis zwei Minuten blanchiert. Mit einem Schaumlöffel herausgefischt und in Eiswasser abgeschreckt, leuchten sie im Salat appetitlich grün.

Der Prinzessin auf der Erbse
zweiter Teil

von Karlhans Frank

Inzwischen ist die Erbse in der Kunstkammer aber doch nicht mehr zu sehen. Die wenigen uralten Königstreuen sagen, sie sei gestohlen worden. Diejenigen aber, die tatsächlich die Erbse aus der Kunstkammer nahmen, nennen sich nicht Diebe.

Als nämlich der Prinz, der eine richtige Prinzessin geheiratet hatte (so eine, die von einer einzigen Erbse unter zwanzig Eiderdaunenbetten braun und blau gesto-

ßen worden war), das Königsgeschäft von seinem Vater erbte, wurde die empfindliche Prinzessin natürlich Königin. Und was für eine!

Der Morgenkakao war ihr stets zu süß oder zu bitter oder zu dünn oder zu braun oder zu oder. Die vom besten Schuhmacher gefertigten Schuhe zwickten ihre Fersen oder drückten die Zehen oder schnürten die Fesseln oder oder. Lächeln für ihre Untertanen war ihr arg beschwerlich oder arg lästig oder arg oder. Mit allem war es so. Kein Duft passte ihrer empfindlichen Nase, jede Speise war ihr zu gewöhnlich, bei der schönsten Musik hielt sie sich die Ohren zu. Sie war sauertöpfisch, meckerig,

beleidigt, wehleidig, egoistisch. Und ihr Mann, der König, war glücklich, dass aus seiner richtigen Prinzessin eine wirkliche Königin geworden war.

Doch das Volk war dieses echte und rücksichtslose Königspaar leid. Für die Frau Königin musste der feinste Kuchen aus Arabien geholt werden, für die Untertanen gab es kaum Brot. Damit die Frau Königin Kleider aus der leichtesten Seide bekommen konnte, mussten die Männer des Reiches gegen China Krieg führen, und so kostete ein Kleid ungefähr 214 Leben. Der Frau Königin war nichts recht und die Menschen im Land erhielten kein Recht.

Was man mindestens von einer Königin verlangen kann, dass sie nämlich allen hin und wieder huldvoll zuwinkt, tat sie auch nicht, weil ihre Handgelenke zu zart waren. So wuchs die Antikönigspartei und bestand schließlich fast aus dem ganzen Volk. Niemand gehorchte den beiden, keiner bediente sie, für sie wurde nicht Krieg geführt. Man tat einfach so, als gäbe es sie überhaupt nicht.

Da verließen sie ihr Schloss, kauften sich endlich vom letzten Geld ein Stückchen Land, bewirtschafteten es. Die Frau Königin musste selbst kochen, mochte sich aber nicht selbst dauernd beschimpfen, lernte Brotbacken und in Holzschuhen laufen, härtete ganz schön ab. Wenn sie mit ihrem Mann den Garten umgegraben hatte, konnte sie mit ihm auf dem harten Küchenboden einschlafen. Sie war kein bisschen mehr empfindlich.

Später ging es den beiden ganz gut. Sie hatten nämlich damals die Erbse aus der Kunstkammer mitgenommen, mit ihr eine Erbsenzucht begonnen.

Königinnenerbsen sind inzwischen international begehrt. Seht, das ist der zweite Teil einer wahren Geschichte.

Es war einmal ... ein Kochtopf!

»Potztausend«, sagte der Bauer und machte schnell den Ofen auf, wo er all die leckeren Speisen erblickte. Er glaubte, die hätte ganz gewiss ein Zauberer gebracht.
Hans Christian Andersen, *Der große und der kleine Klaus*

Nach mehreren Ausflügen in angrenzende Wissensgebiete kommen wir jetzt zur praktisch-kulinarischen Erbsenkunde. Machen Sie sich auf abwechslungsreiche Gaumenfreuden gefasst! Mit specklastiger Einheitssuppe und fadem Konservenfutter braucht sich heute kein Erbsenfan mehr abspeisen zu lassen. Im Gegenteil, es warten milde und pikante, frische und exotische Genüsse auf Sie.

Alle Rezepte sind für vier Personen berechnet – variieren Sie die Mengen nach Bedarf. Eine bunte Palette von Suppen und Beilagen, Salaten und Hauptgerichten, dazu sogar eine süße Nachspeise habe ich am Kochtopf erdacht und für Sie auf den folgenden Seiten zusammengestellt.

Legen Sie sich also einen ausreichenden Vorrat an frischen oder tiefgefrorenen und getrockneten Erbsen aller Farben zu – und schon kann es losgehen mit der innovationsfreudigen Erbsen-Cuisine!

Gerüchte um Gerichte

von Heinz Ehrhardt

Es gibt Gerüchte,
Dass Hülsenfrüchte,
In Mengen genommen,
Nicht gut bekommen.
Das macht ja nichts, ich finde das fein;
Warum soll man nicht auch mal ein Bläh-Boy sein?

Suppen

Spargelsuppe mit Erbsen und Spinat

250 g Spargel, geschält
1 l Gemüsebrühe
300 g grüne Erbsen, frisch oder tiefgekühlt
300 g Blattspinat, frisch oder tiefgekühlt
Kräutersalz, Pfeffer
100 g saure Sahne
einige Blättchen frische Minze, gehackt

Spargelspitzen abschneiden und zur Seite legen, restlichen Spargel in Stücke schneiden und in der Brühe etwa 15 Minuten garen. Erbsen und Spinat zugeben und weitere 10 Minuten köcheln lassen. Im Mixer oder mit dem Pürierstab pürieren und mit Salz und Pfeffer abschmecken. Spargelspitzen zugeben und noch einige Minuten mitkochen lassen. Zum Schluss die Sahne einrühren und die Suppe mit Minze bestreuen.

Minestrone

Die traditionelle italienische Gemüsesuppe wird nie streng nach Rezept, sondern immer je nach saisonaler Vorratslage zubereitet. Variieren Sie nach Lust und Laune!

2 kleine Möhren, in feine Scheiben geschnitten
1 kleiner Kohlrabi, geschält und in kleine Stifte geschnitten
1 Stück Sellerie, klein gewürfelt
1 mittelgroße Kartoffel, klein gewürfelt
100 g Weiß- oder Wirsingkohl, in feine Streifen geschnitten
2 EL Olivenöl
1 l Gemüsebrühe
80 g Naturreis, parboiled
2 EL Tomatenmark
150 g grüne Erbsen, frisch oder tiefgefroren
1 Knoblauchzehe, zerdrückt
Salz, Pfeffer
1 EL frische Kräuter (z. B. Basilikum, Kerbel), fein gehackt

Möhren, Kohlrabi, Sellerie, Kartoffel und Kohl in Olivenöl andünsten. Gemüsebrühe angießen, Reis und Tomatenmark einrühren und etwa 10 Minuten garen. Erbsen zufügen und weitere 10 Minuten köcheln lassen. Mit Knoblauch, Salz und Pfeffer abschmecken und kurz vor dem Servieren mit den Kräutern bestreuen.

Erbsensuppe mit Grießklößchen

Eine Erbsensuppe von der deftigen Sorte mit einer sättigenden Einlage aus Grieß. *Braucht Einweichzeit!*

Für die Suppe:
250 g grüne Trockenerbsen, über Nacht eingeweicht
1 l Gemüsebrühe
1 Lorbeerblatt
½ TL getrockneter Thymian
1 große Zwiebel, gehackt
2 Stängel Staudensellerie, in dünne Scheiben geschnitten
1 Möhre, in dünne Scheiben geschnitten
2 EL Butter oder Margarine
1 kleiner oder ½ großer Kopfsalat, grob geschnitten
Salz, Pfeffer

Für die Grießklößchen:
⅛ l Milch
Salz, Muskat
1 EL Butter oder Margarine
50 g Vollkorngrieß
1 Ei

Erbsen in der Gemüsebrühe mit Lorbeerblatt und Thymian etwa 1 Stunde kochen. Zwiebel, Sellerie und Möhre in der Butter andünsten, Salat zugeben und einige Minuten weiterdünsten. Zu den Erbsen geben, im Mixer oder mit dem Pürierstab pürieren und mit Salz und Pfeffer abschmecken. Für die Grießklößchen Milch mit Salz und Muskat würzen und mit Butter zum Kochen bringen. Grieß einstreuen und rühren, bis sich ein glatter Kloß bildet. In eine Schüssel geben und Ei unterrühren. Mit zwei Teelöffeln kleine Klößchen formen, in kochendes Salzwasser geben und etwa 5 Minuten gar ziehen lassen. Mit einem Schaumlöffel herausfischen und in die Suppe geben.

Erbsensuppe mit Salbei

2 Zwiebeln, fein gehackt
2 EL Butter
500 g grüne Erbsen, frisch oder tiefgekühlt
1 l Gemüsebrühe
100 ml Schlagsahne
2 EL Salbeiblätter, fein gewiegt
Salz, Pfeffer

Zwiebeln in der Butter andünsten, Erbsen zugeben und kurz mitdünsten lassen. Mit der Gemüsebrühe angießen, etwa 15 – 20 Minuten kochen lassen und die Suppe pürieren oder durch ein Sieb streichen. Sahne steif schlagen, zum Schluss den Salbei einstreuen und die Salbeisahne unter die Suppe ziehen. Nicht mehr kochen! Mit Salz und Pfeffer abschmecken und sofort servieren.

Arabische Erbsensuppe

Braucht Einweichzeit!

250 g grüne Trockenerbsen, über Nacht eingeweicht
1 Zwiebel, fein gehackt
1 Stängel Staudensellerie, in dünne Scheiben geschnitten
1 Möhre, in dünne Scheiben geschnitten
2 EL Olivenöl
1 gehäufter TL Kreuzkümmel, gemahlen
1 gehäufter TL Koriander, gemahlen
1 gehäufter TL Ingwer, gemahlen
1 l Gemüsebrühe
300 g grüne Erbsen, frisch oder tiefgekühlt
Salz, Pfeffer
4 EL saure Sahne, Joghurt oder Schwedenmilch
1 Zweig frische Minze, gehackt

Zwiebel, Sellerie und Möhre im Öl andünsten, Gewürze zugeben und kurz mitdünsten lassen. Gemüsebrühe zugießen und 1½ Stunden im geschlossenen Topf köcheln lassen (gelegentlich umrühren). Frische oder tiefgefrorene Erbsen zugeben, noch 10 Minuten weiter köcheln lassen, im Mixer oder mit dem Pürierstab pürieren und mit Salz und Pfeffer abschmecken. Auf jede Portion einen Klacks Sahne, Joghurt oder Schwedenmilch geben und mit Minze bestreuen.

Exotische Erbsencremesuppe

Herrlich goldgelb, samtig und pikant! *Braucht Einweichzeit!*

250 g gelbe Schälerbsen, über Nacht eingeweicht
2 EL Weizenvollkornmehl
1 EL Butter
¾ l Gemüsebrühe
4 EL Honig
1 EL Curry
Pfeffer
3 EL Cashew-Kerne
4 Scheiben Ananas, in Stücke geschnitten
1 Banane, in Scheiben geschnitten
½ Mango, in Stücke geschnitten
100 ml Schlagsahne

Erbsen im Einweichwasser etwa 30 Minuten weich kochen und abtropfen lassen. Mehl in der Butter anschwitzen, mit der Gemüsebrühe aufgießen und einmal aufkochen lassen. Erbsen zugeben, mit Honig, Curry und Pfeffer würzen und im Mixer oder mit dem Pürierstab pürieren. Nüsse ohne Fett in der Pfanne rösten und mit den Ananas-, Bananen- und Mangostücken in die Suppe geben. Nicht mehr kochen! Zum Schluss die Sahne einrühren und servieren.

Ratz-Fatz-Suppe

Weltweit die schnellste Erbsensuppe – ein raffiniertes Blitzrezept.

200 g grüne Erbsen, frisch oder tiefgekühlt
1 l Gemüsebrühe
200 g körniger Frischkäse
1 Knoblauchzehe, gehackt
1 TL Curry
1 EL Sherry

Erbsen etwa 10 Minuten in der Hälfte der Brühe garen, mit körnigem Frischkäse, Knoblauch, Curry und Sherry im Mixer oder mit dem Pürierstab pürieren und auf vier Suppenteller verteilen. Den Rest der Brühe erhitzen und vorsichtig darüber gießen.

Dazu schmeckt ein herzhaftes Vollkornbrot.

Crème Elysée

Die feinste aller Erbsensuppen – bon appétit!

2 EL Butter oder Margarine
500 g grüne Erbsen, frisch oder tiefgekühlt
750 ml Gemüsebrühe
150 ml Schlagsahne
2 Eigelb
1 TL Sojasauce
Salz, Pfeffer

Butter oder Margarine zerlassen, Erbsen darin wenden, 100 ml Gemüsebrühe zugießen und etwa 10 Minuten leise köcheln lassen. Im Mixer oder mit dem Pürierstab pürieren und durch ein Sieb streichen. Restliche Gemüsebrühe aufkochen lassen und vom Herd nehmen. Sahne und Eigelb mit einem Schneebesen gut verquirlen und in die heiße Brühe geben. Erbsenpüree und Sojasauce unterrühren und mit Salz und Pfeffer abschmecken.

Erbsen

von *Mascha Kaléko*

Prinzessin auf der Erbse sprach:
Das sticht ja wie 'ne Nadel...!
So ward die Erbse allgemach
Zum Prüfstein für den Adel.
Es schwärmt der preußische Gourmet
Für Pökelkamm mit Erbspüree.
(Prinzessinnen und Grafen
Die können drauf nicht schlafen.)

Beilagen

Erbsen und Möhren

Die klassische Beilage, oft als Konserven-Schnellfutter miss-
braucht. Mit frischen Zutaten zubereitet ist sie sehr viel besser
als ihr Ruf.

500 g Möhren, in Scheiben geschnitten
250 g grüne Erbsen, frisch oder tiefgekühlt
40 g Butter oder Margarine
$^1/_8$ l Wasser
Salz, Vollrohrzucker
1 EL Weizenvollkornmehl
2 – 3 EL Petersilie, fein gehackt

Möhren und Erbsen in der Butter oder Margarine leicht andünsten. Wasser zugießen, mit Salz und Zucker würzen und
etwa 10 – 15 Minuten gar dünsten lassen. Mehl mit 2 EL kaltem Wasser anrühren und das Gemüse damit binden. Zum
Schluss mit der Petersilie bestreuen.

Erbspüree

Braucht Einweichzeit!

350 g grüne Trockenerbsen,
   über Nacht in kaltem Wasser eingeweicht und abgegossen
700 ml Gemüsebrühe
1 Bund Suppengrün, grob geschnitten
Salz, Pfeffer
1 große Zwiebel, in Ringe geschnitten
2 EL Butter oder Margarine

Erbsen in der Gemüsebrühe etwa 1 Stunde kochen lassen. Suppengrün zugeben und weitere 30 Minuten kochen. Gemüse durch ein Sieb streichen, kräftig durchrühren und mit Salz und Pfeffer abschmecken. Zwiebel in der Butter oder Margarine braun braten und über das Püree streuen.

Hummus

Das berühmte Kichererbsenmus aus der türkisch-arabischen Küche. *Braucht Einweichzeit!*

100 g getrocknete Kichererbsen, über Nacht eingeweicht
und etwa 1 Stunde in Wasser gegart
150 ml Olivenöl
2 Knoblauchzehen
1 TL Tahin (Sesammus)
Zitronensaft
Salz

Kichererbsen pürieren, mit Olivenöl, Knoblauch und Tahin verrühren, mit Zitronensaft und Salz abschmecken und in ein gut verschließbares Glas füllen. (Im Kühlschrank ist Hummus einige Wochen haltbar.) Als Brotaufstrich oder würzige Paste zu Gemüsegerichten und kalten Vorspeisen verwenden.

Tipp: Wenn es schnell gehen soll, können auch 250 g Kichererbsen aus der Dose verwendet werden.

Kichererbsen-Lauch-Gemüse mit Estragon

Ein feinwürziges Kräutergemüse. *Braucht Einweichzeit!*

2 große Stangen Lauch, in feine Ringe geschnitten
1 EL Butter oder Margarine
100 g getrocknete Kichererbsen, über Nacht eingeweicht
  und etwa 1 Stunde in Wasser gegart
50 g Rosinen
200 ml Gemüsebrühe
100 g Frischkäse
4 Stängel Estragon, fein gehackt
Salz, Pfeffer

Lauch in der Butter oder Margarine in einer Pfanne weich dünsten, Kichererbsen und Rosinen zugeben, Gemüsebrühe angießen und etwa 10 Minuten leise köcheln lassen. Frischkäse und
Estragon unterrühren, mit Salz und Pfeffer würzen.

Tipp: Wenn es schnell gehen soll, können auch 250 g Kichererbsen aus der Dose verwendet werden.

Erbsen-Zucchini-Gemüse

Kräuterquark und Lauchzwiebeln geben diesem Gemüse einen frischen, leichten Geschmack.

500 g Zucchini, in Scheiben geschnitten
2 EL Butter oder Margarine
300 g grüne Erbsen, frisch oder tiefgekühlt
1/8 l Gemüsebrühe
1/2 Bund Lauchzwiebeln, in schmale Ringe geschnitten
200 g Kräuterquark
Salz, Pfeffer
1/2 Bund Petersilie, fein gehackt

Zucchinischeiben in der Butter oder Margarine andünsten. Erbsen zugeben, Gemüsebrühe zugießen und leise köchelnd garen lassen. Das Gemüse von der Kochstelle nehmen, Zwiebeln und Quark unterrühren, mit Salz und Pfeffer abschmecken, mit Petersilie bestreuen und sofort servieren.

Fernöstliche Erbsencreme

250 g gespaltene gelbe Schälerbsen
1 Zwiebel, fein gehackt
½ Fenchelknolle, fein gehackt
1 EL Butter
100 ml saure Sahne
½ TL Kurkuma
¼ TL Kreuzkümmel, gemahlen
Salz, Pfeffer

Erbsen in ½ l Wasser etwa 45 Minuten gar kochen und abtropfen lassen. Zwiebel und Fenchel in der Butter glasig dünsten und mit den Erbsen im Mixer oder mit dem Pürierstab pürieren. Saure Sahne und Gewürze unterziehen und mit Salz und Pfeffer abschmecken.

Pikantes Erbsen-Spinat-Gemüse

Die Mischung eignet sich auch gut als Füllung für Pfannkuchen, Burritos oder Wraps.

1 Knoblauchzehe, zerdrückt
1 Zwiebel, in dünne Ringe geschnitten
1 TL Ingwer, gemahlen
1 TL Kreuzkümmel, gemahlen
½ TL Koriander, gemahlen
2 EL Olivenöl
200 g grüne Erbsen, frisch oder tiefgefroren
300 g Blattspinat, frisch oder tiefgefroren
150 g Maiskörner,
vom gegarten Kolben geschnitten oder aus der Dose
100 ml Gemüsebrühe
Salz, Pfeffer

Knoblauch und Zwiebel mit den Gewürzen im Öl glasig dünsten, Erbsen, Spinat und Mais zugeben, mit Gemüsebrühe angießen und etwa 10 Minuten leise köcheln lassen. Mit Salz und Pfeffer abschmecken.

Erbsiges Allerlei

150 g grüne Erbsen, frisch oder tiefgefroren
150 g Zuckerschoten, frisch oder tiefgefroren
150 g Stangenspargel, weiß oder grün, in ca. 2 cm lange
  Stücke geschnitten
150 g Möhren, in ca. 2 cm lange Stücke geschnitten
25 g Butter oder Margarine
25 g Weizenvollkornmehl
¼ l Gemüsebrühe (aus dem Dämpfwasser zubereitet)
1 Eigelb
2 EL Schlagsahne oder Milch
Salz, Pfeffer, Muskat
½ Bund Petersilie, fein gehackt

Erbsen, Zuckerschoten, Spargel und Möhren getrennt über wenig Wasser gar dämpfen. Butter oder Margarine zerlassen und Mehl einrühren. Vom Herd nehmen und zuerst mit 3 EL kaltem Wasser glatt rühren. Dann die Gemüsebrühe einrühren und zum Kochen bringen. Eigelb und Sahne oder Milch verquirlen, die Sauce damit legieren (nicht mehr kochen!) und mit Salz, Pfeffer und Muskat abschmecken. Sauce und Petersilie unter das Gemüse ziehen.

Dazu schmecken Pellkartoffeln oder Kartoffelpüree und Bratlinge.

The Princess and the Pea

by Tweenies Story Time, BBC

Once upon a time there lived handsome prince Jake.
He liked playing and singing and liked eating cake.
One day his mum told him to sort out his life.
»My son«, said Queen Bella, »we must find you a wife.«
So day after day the queen asked for tea
All the princesses for her son to see.
»I don't want to marry any of them«, declared Prince Jake.
»I want to marry a real princess and these are all fake!«
»Oh dear«, said Queen Bella, »what shall I do?
I simply must find the right wife for you.«
So the Prince and the Queen thought of a test.
They made a bed on which the princesses could rest.
Said the Prince: »If she cannot feel this little pea
She is no real princess and no bride to be!«
One stormy night there was a knock on the door.
A young lady stood there, wet, tired and footsore.
»Your poor young thing«, Queen Bella said.
»come in and rest your weary head.«
»Did you sleep well?« asked Prince Jake the next day.
»No«, she said, »and my name's Fizz by the way.«
»Oh dear, what was wrong?«asked the Prince in a tizz.
»There was a terrible bump in the bed«, replied Fizz.
»I couldn't sleep a wink all night long,
I tossed and I turned, but the bed felt all wrong.«
»Only a princess could feel one little pea.
Oh please, Fizz, will you marry me?«
So after a feast of joy and great laughter
They lived, we are told, happily ever after.

Salate

Amerikanischer Ostersalat

8 Eier, hart gekocht und geviertelt
200 g grüne Erbsen, frisch oder tiefgefroren
4 Tomaten, der Länge nach geachtelt
1 Gemüsezwiebel, klein gehackt
1 säuerlicher Apfel, fein gewürfelt
2 Stängel Staudensellerie, klein geschnitten
2 EL Kapern
200 g Saure Sahne
½ Bund Petersilie, fein gehackt
1 EL Zitronensaft
Salz
Pfeffer

Erbsen in wenig Wasser etwa 5 Minuten garen, abtropfen und abkühlen lassen. Mit Eiern, Tomaten, Zwiebel, Apfel, Sellerie und Kapern mischen. Saure Sahne mit Petersilie und Zitronensaft verrühren und mit Salz und Pfeffer würzen. Falls die Sauce zu dick ist, noch etwas Wasser zugeben. Zuletzt die Sauce unterziehen und den Salat bis zum Servieren in den Kühlschrank stellen.

Italienischer Gemüsesalat

150 g Zuckerschoten, frisch oder tiefgefroren
1 Prise Vollrohrzucker
150 g grüne Erbsen, frisch oder tiefgefroren
150 g Möhren, klein geschnitten
2 Tomaten, gewürfelt
2 hart gekochte Eier, gewürfelt
2 EL mit Paprika gefüllte grüne Oliven,
  in dünne Scheiben geschnitten
1 EL Kapern
Saft einer halben Zitrone
200 g saure Sahne
200 ml Kefir oder Schwedenmilch
2 Zweige frischer Estragon, fein gehackt
Salz, Pfeffer
8 getrocknete, in Öl eingelegte Tomaten,
  in lange, dünne Streifen geschnitten
1 Bund Schnittlauch, klein geschnitten.

Zuckerschoten in Wasser mit einer Prise Zucker wenige Minuten kochen lassen und mit kaltem Wasser abschrecken. Erbsen in wenig Wasser weich kochen und ebenfalls kalt abbrausen. Möhren über wenig Wasser im Dampf garen, abtropfen und abkühlen lassen. Gemüse mit Tomaten, Eiern, Oliven, Kapern und Zitronensaft mischen. Saure Sahne und Kefir oder Schwedenmilch mit Estragon verrühren, mit Salz und Pfeffer würzen und über den Salat streichen. Sternförmig mit Tomatenstreifen belegen und mit Schnittlauch bestreuen.

Kretischer Couscous-Salat

150 g Couscous
200 g grüne Erbsen, frisch oder tiefgefroren
2 Tomaten, ganz klein gewürfelt
1 Frühlingszwiebel, sehr fein geschnitten
2 EL Petersilie, fein gewiegt
1 TL Minze, fein gehackt
Saft einer halben Zitrone
3 EL Olivenöl
Salz, Pfeffer

Couscous etwa 10 Minuten in lauwarmem Wasser einweichen. Abgießen, in ein Sieb geben und über einem Topf mit kochendem Wasser etwa 12 Minuten im Dampf garen und abkühlen lassen. Erbsen in wenig Wasser etwa 10 Minuten kochen, abgießen und abkühlen lassen. Couscous und Erbsen mit Tomaten, Zwiebel, Petersilie und Minze mischen. Zitronensaft und Olivenöl verquirlen, mit Salz und Pfeffer würzen und unter den Salat heben.

Weizen-Rucola-Salat mit Erbsen

200 g Weizen
2 EL Olivenöl
2 EL Balsamico-Essig
Salz, Pfeffer
100 g grüne Erbsen, frisch oder tiefgefroren
1 Bund Rucola, grob gehackt
300 g kleine Cherry-Tomaten, in Hälften geschnitten

Weizen in ½ l Wasser aufkochen, 45 Minuten leise köchelnd quellen lassen und gut abgießen. Öl und Essig verquirlen, mit Salz und Pfeffer würzen, über den Weizen gießen und das Ganze im Kühlschrank mindestens eine Stunde ziehen lassen. Erbsen weich kochen und unter den Weizen mischen. Zum Schluss Rucola und Tomaten unterheben.

Kichererbsensalat

Ein erfrischender Allzwecksalat. *Braucht Einweichzeit!*

100 g getrocknete Kichererbsen, über Nacht eingeweicht
und etwa 1 Stunde in Wasser gegart
1 grüne Paprikaschote oder eine halbe Salatgurke, gewürfelt
2 Tomaten, klein gewürfelt
1 Frühlingszwiebel, in feine Ringe geschnitten
2 EL Petersilie, fein gehackt
½ Zitrone, geschält und in kleine Stücke geschnitten
2 EL Olivenöl
1 EL Balsamico-Essig
Salz, Pfeffer

Kichererbsen, Paprikaschote oder Gurke und Tomaten mischen, mit Zwiebelringen, Petersilie und Zitronenstückchen bestreuen und mit Öl, Essig, Salz und Pfeffer abschmecken.

Tipp: Wenn es schnell gehen soll, können auch 250 g Kichererbsen aus der Dose verwendet werden.

Erbsensalat in Chicorée-Schiffchen

Das ideale Party-Mitbringsel – immer ein Erfolg!

*1 große Dose Erbsen (Einfüllgewicht 560 g – in diesem
   Fall müssen es mal die Erbsen aus der Konserve sein,
   mit frischen schmeckt der Salat nicht halb so gut)*
1 mittelgroße rote Zwiebel, fein gewürfelt
2 Stängel Stangensellerie, fein gewürfelt
80 g Räucherkäse, klein gewürfelt
150 g Mayonnaise oder Tofunaise
Salz, Pfeffer
1 – 2 Chicorée
½ Bund Petersilie
Tomatenmark oder -ketchup

Erbsen, Zwiebel, Sellerie und Käse mischen. Mayo- oder Tofunaise unterziehen, mit Salz und Pfeffer abschmecken und im
Kühlschrank durchziehen lassen. Kurz vor dem Servieren die
Enden vom Chicorée so abschneiden, dass sich die einzelnen
Blätter leicht ablösen lassen. Die Blätter mit Erbsensalat füllen,
mit Petersilienzweigen und einem Klecks Tomatenmark oder
-ketchup verzieren und wie Schiffchen auf einer großen Platte
anrichten.

Tipp: Die Chicoréeschiffchen stehen besser, wenn man von der
runden Unterseite der Blätter vorsichtig einen kurzen, flachen
Streifen abschneidet und ihnen so eine Standfläche verpasst.

Bunter Erbsensalat

Auch gelbe Erbsen eignen sich für einen Salat.
Braucht Einweichzeit!

150 g gelbe Schälerbsen,
* über Nacht eingeweicht und abgegossen*
150 g braune Champignons, klein gewürfelt
je 1 rote und 1 grüne Paprikaschote, klein gewürfelt
1 säuerlicher Apfel, geschält und klein gewürfelt
2 Tomaten, klein gewürfelt
1 Bund Petersilie, fein gehackt
3 EL Olivenöl
3 EL Balsamico-Essig
1 EL Senf
Salz, Pfeffer

Erbsen in Wasser etwa 15 Minuten nicht zu weich kochen und
abtropfen lassen. Mit Champignons, Paprikaschoten, Apfel, Tomaten und Petersilie vermengen. Aus den restlichen Zutaten
eine Sauce anrühren, unter den Salat heben und gut durchziehen lassen.

Backerbsensalat

Backerbsen sind nicht etwa eine neue Züchtung aus der Gattung *Pisum sativum*, sondern kleine, knusprige, fettgebackene Knabberkugeln aus Weizenmehl, die es fertig zu kaufen gibt. Meist kommen sie als Einlage für klare und gebundene Suppen zum Einsatz, hier sind sie das i-Tüpfelchen auf einem knackigen Schichtsalat.

1 kleiner Kopf Eisbergsalat, klein geschnitten
3 Stängel Staudensellerie, klein geschnitten
4 hartgekochte Eier, gewürfelt
200 g grüne Erbsen, frisch oder tiefgefroren,
*   wenige Minuten blanchiert*
1 grüne Paprikaschote, klein geschnitten
1 Zwiebel, fein gehackt
3 EL Olivenöl
2 EL Zitronensaft
1 Knoblauchzehe, zerdrückt
½ Bund Petersilie, fein gehackt
1 TL Zucker
300 ml Kefir oder Schwedenmilch
Salz, Pfeffer
100 g Backerbsen

Eisbergsalat, Sellerie, Eier, Erbsen, Paprikaschote und Zwiebel der Reihe nach in eine durchsichtige gläserne Schüssel einschichten. Öl und Zitronensaft verquirlen, Knoblauch, Petersilie und Zucker unterrühren und mit Kefir oder Schwedenmilch vermischen. Die Sauce mit Salz und Pfeffer abschmecken, mit einem großen Löffel über dem Salat verteilen und das Ganze im Kühlschrank einige Stunden durchziehen lassen. Backerbsen darüber streuen und sofort servieren.

Kichererbsen-Weizen-Salat
mit Granatapfelkernen

150 g Weizen
150 g grüne Erbsen, frisch oder tiefgefroren
80 g Kichererbsen (über Nacht eingeweicht und etwa
* 1 Stunde gegart oder 180 g aus der Dose)*
2 EL Olivenöl
1 EL Balsamico-Essig
1 EL Sojasauce
Salz, Pfeffer
ausgelöste Kerne aus einem Granatapfel

Weizen mit ½ l Wasser zum Kochen bringen, 45 Minute leise köchelnd quellen lassen und abgießen. Erbsen in Salzwasser zwei bis drei Minuten blanchieren, in Eiswasser abschrecken und abtropfen lassen. Weizen, Erbsen und Kichererbsen mischen. Olivenöl mit Essig und Sojasauce verquirlen, mit Salz und Pfeffer würzen und unter den Salat ziehen. Mit den Granatapfelkernen bestreuen.

Voll die Erbsentussi

Da wa ma son Frauenversteher, Prinz nannte der sich, der hatte keinen Bock mehr, Abend für Abend allein in die Poofe zu gehen. Er wollte ne Tussi, aber nich irgendeine, das sollte schon ne echte Edelbarbie sein.

Wo er auch suchte, es wollte nich kicken. Die eine war ne Streuselschnecke, die andre schlug beim Gehen Falten, die dritte ging ihm mit ihrem lulligen Gesülze auf dem Geist. Am Ende wusste er nich mehr, wie er das noch händeln sollte. Er kriegte voll den Abknicker, hing nur noch zu Hause bei seinen Alten rum und fühlte sich megamies.

Da fings eines Nachts wie verrückt an zu schiffen, voll das Unwetter, und mittendrin klopfts an die Tür. Der Alte vom Prinz schlurfte hin. Draußen stand ne spektrogeile Flocke mit Modelfigur und textete den Denkzwerg zu, bis der mal wieder gar nichts rallte. Zum Glück war die Alte vom Prinz besser beleuchtet. Noch ehe sie ihrem Alten das richtig vertickt hatte, lag das dürre Gerippe schon flach in der Poofe. Die Alte griffelte sich en grasgrünes Pupsbällchen aus der Tiefkühltruhe und schobs unter die Matratze. Am nächsten Morgen hieß es dann ganz scheinheilig: »Und? Wie haben Sie geschlafen?«

»Aber sowas von grottenschlecht!«, zickte die Tussi. »Es roch nach Essen! Fast hätte ich ...«

Da jubelten die Alten. So zickig konnte nur eine echte Sissi sein. Endlich eine Braut, auf die ihr Prinz voll abfahren würde! Sollte er doch endlich ausziehen und sich mit ihr ne eigene Hütte nehmen. Sie spendierten noch eine abfetzmäßige Hochzeitsfete, dann warn sie die beiden los.

Und den fiesen Trick mit dem grünen Gemüse, den verrieten sie gleich allen anderen Eltern von ausziehreifen Hotelmamasöhnchen.

Ob das wahr is? Kannze glauben!

Hauptgerichte

Kartoffel-Erbsen-Auflauf

250 g gespaltene gelbe Schälerbsen
750 g gekochte Kartoffeln, in Scheiben geschnitten
150 ml Milch
150 ml Schlagsahne
2 Eier
Salz, Pfeffer, Muskat
100 g Emmentaler, gerieben

Erbsen in ½ l Wasser etwa 45 Minuten gar kochen und abtropfen lassen. Kartoffeln dachziegelartig in eine Auflaufform schichten und Erbsen darauf verteilen. Milch, Sahne und Eier verquirlen, mit den Gewürzen kräftig abschmecken und über das Gemüse gießen. Mit Käse bestreuen und bei 180 – 200 °C etwa 40 Minuten backen.

Erbsengrüne Nudeln

Grüner Pastateig mit Spinat? Das müsste doch auch mit Erbsen gehen. Wie wahr! Die selbst gemachten Nudeln sind eine echte Spezialität.

100 g Erbsen, frisch oder tiefgekühlt
60 ml Wasser
250 g Weizenmehl (Type 1050)
1 Prise Salz
1 Ei
1 EL Olivenöl

Erbsen in wenig kochendem Salzwasser 5 bis 10 Minuten garen und abtropfen lassen. Mit 60 ml Wasser im Mixer oder mit dem Pürierstab pürieren. Mehl in eine Schüssel geben, in die Mitte eine Delle drücken und Salz, Ei, Öl und Erbsenpüree hineingeben. Von der Mitte aus erst mit einer Gabel, dann mit den Händen zu einem geschmeidigen Teig verarbeiten. Auf eine bemehlte Fläche geben, noch einmal kräftig durchkneten und anschließend mit einem Küchentuch bedeckt etwa 30 Minuten ruhen lassen. Mit einem Nudelholz dünn ausrollen und zu schmalen Bandnudeln schneiden. In reichlich Salzwasser bissfest kochen und abtropfen lassen.

Die grünen Nudeln schmecken gut mit etwas Olivenöl, Salz und frisch geriebenem Parmesan.

Falafel

Als köstliches Fast Food gibt es sie im Nahen Osten an jeder Straßenecke. *Braucht Einweichzeit!*

180 g getrocknete Kichererbsen, über Nacht eingeweicht,
  etwa 1 Stunde in Wasser gegart (oder 400 g aus der Dose)
1 Ei
1½ Zwiebeln, fein gehackt
3 Knoblauchzehen, zerdrückt
½ TL Koriander, gemahlen
½ TL Kreuzkümmel, gemahlen
½ TL Kurkuma
½ TL scharfer Rosenpaprika, gemahlen
Salz, Pfeffer
2 EL getrocknete oder ½ Bund frische Petersilie, fein gehackt
3 EL Maisstärke
reichlich Öl zum Braten

Kichererbsen in eine Schüssel geben und mit einem Kartoffelstampfer zu Brei zerdrücken. Ei, Zwiebeln, Knoblauch, Gewürze und Petersilie untermischen. Zuletzt die Speisestärke einarbeiten und den Teig eine halbe Stunde lang sehr kalt stellen. Kleine Bällchen formen, in reichlich Öl knusprig goldbraun braten und auf einem Stück Küchenpapier abtropfen lassen.

Dazu schmecken Fladenbrot und ein mit Salz, Pfeffer und Petersilie gewürzter Joghurt. Oder Sie geben die Falafelbällchen mit Tomaten- und Gurkenscheiben und etwas würziger Joghurtsauce in vier Pitabrote und essen das Ganze aus der Hand.

Grünes Risotto

Wenn Sie schon immer mal ein richtiges Risotto machen wollten, hier ist die Gelegenheit! Dabei können Sie das Grundrezept je nach Gemüsevorliebe und -vorratslage vielseitig abwandeln. Das beharrliche Rühren erfordert zwar etwas Geduld, aber die Mühe lohnt sich auf jeden Fall. Das sahnige Erbsenpüree macht das Risotto wunderbar saftig und weich.

250 g gemischtes Gemüse (z. B. Lauch, Möhren, Brokkoli),
   klein geschnitten
100 g grüne Erbsen, frisch oder tiefgekühlt
100 ml Schlagsahne
½ mittelgroße Zwiebel, fein gehackt
2 EL Butter oder Margarine
1 Tasse Risottoreis
1 Tasse trockener Weißwein
2 – 3 Tassen heiße Gemüsebrühe
Salz, Pfeffer
1 TL Petersilie, gehackt
50 g Parmesan, frisch gerieben

Gemüse über wenig Wasser im Dampf garen. Erbsen in wenig Wasser weich kochen, abgießen und mit Sahne pürieren. Zwiebel in der Butter oder Margarine glasig dünsten, Reis dazugeben und etwa eine Minute unter Rühren mitdünsten lassen. Weißwein zugießen und vorsichtig weiter rühren, bis keine Flüssigkeit mehr da ist. Eine halbe Tasse heiße Gemüsebrühe hinzufügen und so lange rühren, bis auch sie aufgesogen ist. Die nächste halbe Tasse Gemüsebrühe zugießen und immer abwechselnd gießen und rühren, bis der Reis nach etwa 20 Minuten gar ist. Erbsenpaste unterziehen, das gedämpfte Gemüse unterheben und das Risotto mit Salz und Pfeffer abschmecken. Zum Schluss mit Petersilie und Parmesan bestreuen.

Fruchtiges Erbsenpüree mit Beluga-Linsen und karamellisierten Kirschtomaten

Beluga-Linsen sind eine echte Delikatesse. Wegen ihrer Farbe und Körnigkeit, aber auch wegen ihres feinen Geschmacks gelten sie manchen als »Kaviar für Vegetarier«. In dieser reizvollen Kombination bilden süßsaure Tomaten und ein raffiniertes Erbsenpüree ihre würdigen Begleiter.

Für die Linsen:
75 g Beluga-Linsen
½ TL Gemüsebrüheextrakt

Linsen mit 200 ml Wasser zum Kochen bringen und 20 Minuten bei geringer Hitze garen lassen. In der Zwischenzeit Erbsenpüree und Kirschtomaten zubereiten. Anschließend Linsen abgießen, mit dem Gemüsebrüheextrakt würzen und gemeinsam mit Püree und Tomaten auf einer Platte anrichten.

Für das Erbsenpüree:

1 kleine Zwiebel, fein gehackt
1 EL Butter oder Margarine
1 EL Vollrohrzucker
500 g grüne Erbsen, frisch oder tiefgefroren
4 EL Apfelsaft
1 EL saure Sahne
1 Spritzer Zitronensaft
Salz, Pfeffer

Zwiebel in der Butter oder Margarine andünsten. Zucker zugeben und kurz karamellisieren lassen. Erbsen einrühren, mit Apfelsaft ablöschen und etwa 5 Minuten dünsten. Im Mixer oder mit dem Pürierstab pürieren, saure Sahne unterrühren und mit Zitronensaft, Salz und Pfeffer abschmecken.

Für die Kirschtomaten:

150 g kleine Kirschtomaten, halbiert
2 EL Olivenöl
1 ½ EL Vollrohrzucker
1 TL getrockneter (oder 1 Zweig frischer) Rosmarin
2 Knoblauchzehen, zerdrückt
2 EL Balsamico-Essig
Salz, Pfeffer

Tomaten im Olivenöl bei mittlerer Hitze kurz anbraten. Zucker darüber streuen und etwa eine halbe Minute karamellisieren lassen. Rosmarin und Knoblauch dazugeben und kurz mit anbraten. Mit dem Balsamico-Essig ablöschen und mit Salz und Pfeffer würzen.

Bandnudeln mit Erbsen-Sahne-Sauce

500 g Vollkorn-Bandnudeln
1 große Zwiebel, fein gehackt
2 EL Butter
300 g grüne Erbsen, frisch oder tiefgekühlt
100 ml Schlagsahne
Salz, Pfeffer
5 – 6 Salatblätter, in dünne Streifen geschnitten
50 g Parmesan, frisch gerieben

Bandnudeln in reichlich Salzwasser bissfest garen. Zwiebel in der Butter glasig dünsten, Erbsen zugeben und einige Minuten mitdünsten lassen. Sahne zugießen und bei geringer Hitze leise köcheln lassen, bis die Erbsen gar sind. Mit Salz und Pfeffer abschmecken. Zuletzt die Salatblätter unter die Sauce rühren und noch ganz kurz mitkochen lassen. Sauce und Parmesan über die Nudeln geben, gut vermischen und sofort servieren.

Tofuragout mit Erbsen

Einfach köstlich! Bei festlichen Gelegenheiten auch ideal als Füllung für Königinpasteten.

400 g Tofu, grob gewürfelt
Saft einer Zitrone
Salz, Pfeffer
200 g Lauch, in feine Ringe geschnitten
2 EL Butter oder Margarine
$^1/_8$ l Gemüsebrühe
300 g grüne Erbsen, frisch oder tiefgekühlt
100 g saure Sahne
100 ml Schlagsahne
2 EL Dijon-Senf
½ Bund Petersilie, fein gehackt

Tofuwürfel mit Zitronensaft beträufeln und mit Salz und Pfeffer würzen. Lauch in der Butter oder Margarine andünsten, Tofu dazugeben und einige Minuten mitdünsten lassen. Gemüsebrühe angießen, Erbsen einstreuen und bei geringer Hitze fünf bis zehn Minuten garen lassen. Sahne und Senf verquirlen und unter das Ragout ziehen. Vor dem Servieren mit der Petersilie bestreuen.

Erbsenquiche mit Haselnüssen

Für den Boden:

50 g Butter oder Margarine
3 EL Olivenöl
200 g Weizenvollkornmehl
1 TL Backpulver
½ TL Kräutersalz
3 EL Zitronensaft
2 – 3 EL Wasser
1 Ei

Für die Füllung:

200 g grüne Erbsen, frisch oder tiefgekühlt
50 g schwarze Oliven, entsteint und gehackt
3 Eier
100 ml Schlagsahne
Kräutersalz, Pfeffer
100 g Parmesan, frisch gerieben
50 g Haselnüsse, grob gehackt oder blättrig geschnitten

Butter oder Margarine und Öl zu einer dicken Creme verrühren, Mehl, Backpulver und Salz zugeben. Löffelweise Zitronensaft und Wasser einarbeiten, bis sich ein (wenn auch noch leicht bröckeliger) Ball formen lässt. In Folie wickeln und mindestens eine Stunde im Kühlschrank ruhen lassen. Erst jetzt das Ei einkneten, bis der Teig geschmeidig ist. Zwei Drittel des Teigs auf dem Boden einer gefetteten Springform ausrollen, das restliche Drittel zu einer langen Schlange rollen und daraus einen zwei bis drei Zentimeter hohen Rand formen. Bei 180 – 200 °C etwa 10 Minuten vorbacken.

Die Erbsen etwa 5 Minuten in kochendem Wasser blanchieren und mit den Oliven auf dem vorgebackenen Quiche-Boden verteilen. Eier und Sahne verquirlen, mit Salz und Pfeffer würzen. Den Parmesan unterrühren und die Sauce über die Erbsen gießen. Mit den Haselnüssen bestreuen und bei 180 – 200 °C etwa 20 Minuten backen.

Risibisi

Der Spitzname dieses köstlichen Klassikers kommt aus Italien (»Reis und Erbsen« = »riso e piselli«). Statt Reis können Sie übrigens genauso gut Hirse oder die bei Kindern besonders beliebte, weil weiche und flutschige Quinoa (aus dem Reformhaus oder Naturkostladen) verwenden. Die beiden Variationen heißen bei uns »Hisibisi« und »Quisibisi«.

1 Zwiebel, fein gehackt
2 EL Butter
1 Tasse Naturreis, parboiled
2½ Tassen Gemüsebrühe
300 g grüne Erbsen, frisch oder tiefgekühlt
Salz, Pfeffer
2 EL Petersilie, fein gewiegt
2 EL Parmesan, frisch gerieben

Zwiebel in der Butter andünsten, Reis zufügen und mitdünsten lassen. Mit Gemüsebrühe angießen, Erbsen zugeben und 20 Minuten bei geringer Hitze garen lassen. Mit Salz und Pfeffer abschmecken. Ganz zum Schluss Petersilie und Parmesan unterziehen.

Blätterteigtaschen mit pikanter Erbsenfüllung

8 Scheiben Blätterteig (tiefgefroren)
1 Zwiebel, fein gewürfelt
2 Knoblauchzehen, zerdrückt
1 EL Butter oder Margarine
3 EL Zitronensaft
200 g grüne Erbsen, frisch oder tiefgekühlt
1 EL Kokosraspeln
1 gehäufter TL Koriander, gemahlen
1 gehäufter TL Kreuzkümmel, gemahlen
1 gehäufter TL Ingwer, gemahlen
½ TL Kurkuma, gemahlen
Salz, Pfeffer
1 Eigelb
1 EL Milch
2 EL Sesamsamen

Blätterteigscheiben nebeneinander auslegen und antauen lassen. Zwiebel und Knoblauch in der Butter oder Margarine glasig dünsten. Zitronensaft mit der gleichen Menge Wasser mischen und zugießen. Erbsen, Kokosraspeln und Gewürze (außer Salz und Pfeffer) zugeben und unter Rühren etwa 5 Minuten weiterdünsten. Mit Salz und Pfeffer abschmecken. Je ein Esslöffel Füllung auf eine Blätterteigscheibe geben, die Scheibe zu einem Dreieck zuklappen und die Ränder gut zusammendrücken. Eigelb und Milch verquirlen und die Blätterteigtaschen damit bestreichen. Zum Schluss die Sesamsamen aufstreuen. Bei 180 – 200 °C etwa 20 Minuten backen.

Rote Kichererbsenpfanne

Schmeckt gut zu Reis oder Kartoffeln. *Braucht Einweichzeit!*

200 g getrocknete Kichererbsen,
über Nacht in reichlich Wasser eingeweicht
1 Zwiebel, gehackt
1 Knoblauchzehe, zerdrückt
1 Stange Lauch, in Ringe geschnitten
2 große Möhren, in Scheiben geschnitten
1 EL Sonnenblumenöl
750 g Tomaten, überbrüht, gehäutet und grob gewürfelt
1 EL Gemüsebrüheextrakt
1 TL getrocknete Kräuter der Provence
½ Bund Petersilie, fein gehackt

Kichererbsen in genügend Wasser etwa 60 Minuten leise köcheln lassen. In einer großen Pfanne Zwiebel, Knoblauch, Lauch
und Möhren in dem Öl andünsten. Tomaten und Kichererbsen
unterrühren, mit Gemüsebrüheextrakt und Kräuter der Provence würzen und bedeckt noch einmal 20 Minuten köcheln lassen. Zum Schluss mit der Petersilie bestreuen.

Bunte Hülsenfrüchte

Braucht Einweichzeit! Die bunte Mischung aus diversen Hülsenfrüchten können Sie je nach Vorratslage variieren.

50 g getrocknete Kichererbsen
50 g grüne Trockenerbsen
50 g gelbe Trockenerbsen
50 g getrocknete Kidneybohnen
50 g getrocknete schwarze Bohnen
alle über Nacht in kaltem Wasser eingeweicht
und abgegossen
1 l Gemüsebrühe
1 Bund Suppengrün, klein geschnitten
4 Kartoffeln, geschält und grob gewürfelt
Salz, Pfeffer
Sojasauce
½ Bund Petersilie, fein gehackt

Eingeweichte Hülsenfrüchte in der Gemüsebrühe 45 Minuten kochen. Suppengrün und Kartoffeln zugeben und weitere 15 Minuten kochen lassen. Mit Salz, Pfeffer und einem kräftigen Schuss Sojasauce abschmecken und mit der Petersilie bestreuen.

Am besten schmeckt dazu ein Knoblauch-Baguette.

Kartoffelbrei mit Erbsensauce und Eiern

4 EL Sesamsamen
4 Eier
1 kg Kartoffeln
1/8 l Milch
½ TL Gemüsebrüheextrakt
Salz, Pfeffer, Muskat
1 Zwiebel, gehackt
1 Knoblauchzehe, zerdrückt
1 EL Sonnenblumenöl
100 ml Gemüsebrühe
100 ml Milch
50 ml Schlagsahne
300 g grüne Erbsen, frisch oder tiefgekühlt

Sesamsamen ohne Fett in einer Pfanne leicht anrösten und zur Seite stellen. Eier hart kochen, pellen und ebenfalls zur Seite stellen. Kartoffeln in der Schale über wenig Wasser gar dämpfen, schälen und in eine Schüssel geben. Milch erwärmen, mit Gemüsebrüheextrakt, Salz, Pfeffer und Muskat würzen und zu den Kartoffeln geben. Kartoffeln und Milch mit dem Kartoffelstampfer zu einem geschmeidigen Brei verarbeiten.

Für die Sauce Zwiebel und Knoblauch in dem Öl glasig dünsten. Brühe, Milch, Sahne und Erbsen zugeben und etwa 10 Minuten garen lassen. Anschließend im Mixer oder mit dem Pürierstab pürieren, Eier einlegen und zum Kartoffelbrei servieren. Am Tisch mit den gerösteten Sesamsamen bestreuen.

Bunte Nudelpfanne

250 g bunte Vollkornnudeln
2 EL Butter oder Margarine
50 g Parmesan, frisch gerieben
100 ml Milch
100 ml Schlagsahne
1 EL getrocknetes Basilikum
1 Tasse Gemüsemais, gegart
1 Tasse grüne Erbsen, frisch oder tiefgekühlt
1 rote Paprikaschote, klein gewürfelt
Salz, Pfeffer

Nudeln in reichlich Salzwasser bissfest garen. Butter oder Margarine in einer Pfanne erhitzen und den Parmesan vorsichtig darin schmelzen lassen. Milch, Sahne und Basilikum einrühren. Gemüse zugeben und etwa 10 Minuten leise köcheln lassen. Mit Salz und Pfeffer abschmecken und mit den Nudeln vermischt servieren.

Erbsenreis mit gebratenen Bananen

Eine ungewöhnliche, äußerst leckere Mischung – ein altes Familienrezept.

1 große Zwiebel, gehackt
2 Tassen Vollkornreis
4 EL Butter oder Margarine
5 Tassen Gemüsebrühe
1 Tasse grüne Erbsen, frisch oder tiefgekühlt
2 Möhren, klein geschnitten
4 reife Bananen
gemahlener Paprika, Currypulver
½ Bund Petersilie, fein gehackt

Zwiebel und Reis in zwei Esslöffeln Butter oder Margarine glasig dünsten, mit der Gemüsebrühe angießen und nach der Zeitangabe auf der Reispackung bei geringer Hitze garen lassen. 15 Minuten vor Ende der Garzeit Erbsen und Möhren zugeben. Die Bananen der Länge nach halbieren und zuerst die Schnittfläche, dann die runde Seite in der restlichen Butter oder Margarine anbraten. Schnittfläche mit etwas Paprika und Currypulver bestreuen. Erbsenreis in eine Schüssel geben, Petersilie unterheben. Die gebratenen Bananen mit der Schnittfläche nach oben auf dem Reis verteilen.

Gewürzreis mit Erbsen

2 Tassen grüne Erbsen, frisch oder tiefgekühlt
2 Zwiebeln, gehackt
4 EL Butter oder Margarine
1 Knoblauchzehe, zerdrückt
10 ganze Kardamomsamen
10 ganze Pimentkörner
10 ganze Nelken
1 Zimtstange
3 Tassen Vollkornreis
6 Tassen Wasser
½ Tasse Rosinen
½ Tasse Mandeln

Erbsen etwa 5 Minuten in kochendem Salzwasser blanchieren und beiseite stellen. Zwiebeln in der Butter oder Margarine glasig dünsten. Knoblauch, Gewürze und Reis zugeben und etwa fünf Minuten weiterdünsten. 6 Tassen Wasser zugießen und bei geringer Hitze leise köcheln lassen, bis das Wasser völlig aufgesogen worden ist. Rosinen, Mandeln und Erbsen unter den Gewürzreis heben und sofort servieren.

Erbsen-Nudel-Soufflé

50 g feine Vollkorn-Suppennudeln
2 EL Butter oder Margarine
1 EL Weizenvollkornmehl
1/8 l Milch
50 ml Schlagsahne
150 g grüne Erbsen, frisch oder tiefgekühlt
1/2 Bund Petersilie, fein gehackt
1/2 TL Kräutersalz
Pfeffer
1 MSP Koriander, gemahlen
2 Eier
100 g Greyerzer, frisch gerieben
Fett für die Form

Nudeln in reichlich Salzwasser bissfest garen. Butter oder Margarine zerlassen, Mehl darin anschwitzen, Milch unterrühren und aufkochen lassen. Abgetropfte Nudeln, Sahne, Erbsen und Petersilie untermischen. Mit Kräutersalz, Pfeffer und Koriander würzen. Eier trennen. Eigelb und Käse unterrühren. Eiweiß sehr steif schlagen und vorsichtig unter die Masse heben. In eine gefettete Auflaufform geben und bei 180 – 200 °C etwa 35 Minuten backen.

Quinoa-Erbsen-Topf

Quinoa, das »Korn der Inkas«, enthält besonders viel wertvolles Eiweiß.

1 Tasse Quinoa
1 kleine Zwiebel, gehackt
2 EL Öl
2 Tassen Wasser
2 Kartoffeln
3 Möhren
1 Tasse grüne Erbsen, frisch oder tiefgekühlt
1 EL Petersilie, gehackt
10 schwarze Oliven
Salz, Pfeffer

Quinoa und Zwiebel in Öl anbraten, 2 Tassen Wasser zugießen und 15 Minuten bei geringer Hitze quellen lassen. Kartoffeln, Möhren und Erbsen im Dampfgarer oder einem Dämpfeinsatz im Kochtopf garen, mit Quinoa, Petersilie und Oliven mischen und mit Salz und Pfeffer abschmecken.

Grüne Lasagne

200 g Brokkoli, klein geschnitten
Salzwasser für die Sauce
½ Zwiebel gehackt
1 EL Öl
150 g Champignons in Streifen
1 Knoblauchzehe, zerdrückt
je 1 TL Rosmarin und Majoran
Kräutersalz
150 g grüne Erbsen, frisch oder tiefgekühlt
4 EL Butter oder Margarine
2 EL Weizenvollkornmehl
¹/₈ l Milch
Pfeffer, Muskat
Fett für die Form
6 grüne Lasagne-Platten
100 g Mozzarella, in Scheiben
50 g Parmesan, frisch gerieben

Brokkoli zehn Minuten in Salzwasser kochen. Wasser abgießen und für die Sauce aufheben. Zwiebel in Öl glasig dünsten. Pilze und Knoblauch dazugeben. Mit Kräutern und Kräutersalz würzen. Brokkoli und Erbsen hinzufügen. Für die Sauce Butter oder Margarine zerlassen, Mehl anschwitzen, unter kräftigem Rühren erst die Milch, dann einen Achtelliter Gemüsebrühe dazugießen und zum Kochen bringen. Mit Kräutersalz, Pfeffer und Muskat abschmecken. In eine gefettete Auflaufform zwei Lasagne-Platten legen, darauf eine Schicht Gemüse geben und mit Sauce bedecken. In der gleichen Reihenfolge weiterschichten, bis die Zutaten aufgebraucht sind (oberste Schicht: Sauce). Mit Mozzarella und Parmesan bedecken. Bei 200 – 220 °C etwa 30 Minuten backen.

Spaghetti Verdure

500 g Vollkornspaghetti
200 g braune Champignons, geviertelt
200 g Brokkoli, in kleine Röschen geteilt
4 EL Olivenöl
200 g grüne Erbsen, frisch oder tiefgekühlt
½ l Gemüsebrühe
½ TL getrockneter Thymian
4 EL Tomatenmark
2 EL Schlagsahne
Salz, Pfeffer
1 EL getrocknete Petersilie

Die Spaghetti in reichlich Salzwasser bissfest garen. Champignons und Brokkoli im Olivenöl andünsten, Erbsen, Gemüsebrühe und Thymian zugeben und 10 Minuten garen lassen. Tomatenmark und Schlagsahne einrühren und mit Salz und Pfeffer abschmecken. Die Gemüsesauce mit den Spaghetti vermischen und mit der getrockneten Petersilie bestreuen.

Kartoffel-Curry-Topf mit Erbsen

1 große Gemüsezwiebel, in Ringe geschnitten
2 Knoblauchzehen, zerdrückt
2 EL Butter oder Margarine
750 g Kartoffeln, grob gewürfelt
2 TL Currypulver
150 ml Gemüsebrühe
200 g grüne Erbsen, frisch oder tiefgekühlt

Zwiebel und Knoblauch bei mittlerer Hitze in der Butter oder Margarine andünsten, Kartoffeln und Currypulver zugeben und mitdünsten lassen. Mit der Gemüsebrühe angießen und 10 Minuten leise köcheln lassen. Erbsen zugeben und weitere 10 Minuten mitgaren.

Probieren Sie dazu einen Feldsalat mit roter Paprikaschote und einer Sauce aus jeweils einem EL Olivenöl, Sojasauce und Balsamico-Essig.

Zwiebel-Käse-Reis mit Erbsen

1 große Gemüsezwiebel, fein gehackt
2 Knoblauchzehen, zerdrückt
2 EL Butter oder Margarine
200 g Naturreis, parboiled
450 ml Gemüsebrühe
200 g grüne Erbsen, frisch oder tiefgekühlt
100 g alter Gouda, frisch geraspelt
½ Bund Petersilie, fein gehackt
Salz, Pfeffer

Zwiebel und Knoblauch in der Butter oder Margarine bei mittlerer Hitze andünsten, Reis zugeben und mitdünsten lassen. Mit der Gemüsebrühe angießen und nach der Zeitangabe auf der Reispackung garen lassen. 10 Minuten vor der Garzeit Erbsen zugeben. Kurz vor dem Servieren Käse und Petersilie unterheben und mit Salz und Pfeffer abschmecken.

Dazu schmeckt ein würziger Tomatensalat.

Ananas-Sauerkraut mit Räuchertofu und Erbsenpüree

1 Zwiebel, fein gehackt
2 EL Butter
500 g Sauerkraut
2 Scheiben frische Ananas
¼ l Gemüsebrühe
½ TL Kümmel
1 Prise Zucker
Pfeffer, Salz
200 g grüne Erbsen, frisch oder tiefgekühlt
250 g Räuchertofu, in dicke Scheiben geschnitten

Zwiebel in 1 EL Butter glasig dünsten, Sauerkraut, Ananas, ⅛ l Gemüsebrühe und die Gewürze zugeben und im offenen Topf etwa 30 Minuten schmoren, bis die Flüssigkeit fast vollständig eingekocht ist. In der Zwischenzeit die Erbsen mit der restlichen Brühe zum Kochen bringen und ebenfalls so lange köcheln lassen, bis es kaum noch Flüssigkeit gibt. Den Tofu unter das Sauerkraut legen, damit er mit aufgewärmt wird. Zum Schluss die Erbsen mit der restlichen Butter pürieren und mit dem Sauerkraut servieren.

Dazu schmecken Pellkartoffeln.

Kichererbsen-Taler

250 g Kichererbsen, über Nacht eingeweicht
*   und etwa eine Stunde gar gekocht*
*   (oder 500 g Kichererbsen aus der Dose)*
¼ l Gemüsebrühe
4 Scheiben Vollkorntoast, fein zerkrümelt
2 Knoblauchzehen, zerdrückt
1 TL Zitronensaft
1 TL grüne Tabascosauce
1 TL Koriander, gemahlen
Salz und Pfeffer
Öl zum Ausbacken

Kichererbsen mit der Gemüsebrühe im Mixer oder mit dem
Pürierstab pürieren. Mit Toastkrümeln, Knoblauch, Zitronensaft und Gewürzen vermischen. Zu kleinen Bratlingen formen
und in heißem Öl von beiden Seiten goldbraun ausbacken.

Tipp: Mit Sesambrötchen, Salatblättern, Tomatenscheiben, Senf
und Tomatenketchup lassen sich aus den Kichererbsen-Talern
leckere Burger zusammenstellen. Aber auch als einfache Bratlinge, z. B. mit Kartoffelpüree und Salat, schmecken sie immer
wieder gut.

Drei-Farben-Püree
mit gebratenen Austernpilzen

Von der italienischen Tricolore inspiriert, ist dieses Gericht ein Augen- und ein Gaumenschmaus. Jedes Püree hat seinen eigenen, fruchtig-würzigen Geschmack. Die krossen Austernpilze bilden dazu einen deftigen Gegensatz.

500 g mehlige Kartoffeln
150 ml Milch
1 MSP Gemüsebrühe
½ TL Muskat
Salz, Pfeffer

500 g Möhren, in Scheiben geschnitten
2 EL Butter
etwas Gemüsebrühe
100 ml Orangensaft

500 g Erbsen, frisch oder tiefgekühlt
1 Bund frischer Kerbel, fein gehackt
1 EL Schlagsahne
250 g frische Austernpilze, grob geschnitten
Olivenöl zum Anbraten
Grillgewürz

Kartoffeln in der Schale garen und pellen. Milch erwärmen, Gewürze einrühren und über die Kartoffeln gießen. Mit dem Kartoffelstampfer zu einem geschmeidigen Püree verarbeiten.

Möhren in der Butter andünsten, mit wenig Gemüsebrühe etwa 15 Minuten garen und abgießen. Mit dem Orangensaft im Mixer oder mit dem Pürierstab pürieren.

Erbsen mit wenig Gemüsebrühe etwa 15 Minuten kochen und abgießen. Mit dem Kerbel und der Schlagsahne ebenfalls pürieren.

Die Austernpilze im Olivenöl kross anbraten, mit dem Grillgewürz kräftig würzen und zu den Pürees servieren.

ERBSünde.... ?

Erbsen-Wraps

Wraps sind eine Kreuzung aus amerikanischem Sandwich und mexikanischer Tortilla. Erfunden wurden sie an der Ostküste der USA, inzwischen sind sie ein internationaler Partyhit.

Für die Tortilla-Fladen:

200 g Weizenvollkornmehl
4 EL Olivenöl
1 TL Backpulver
1 Prise Salz
Öl zum Ausbacken

Für die Füllung:

400 g grüne Erbsen, frisch oder tiefgefroren
1 El Balsamico-Essig
2 TL flüssiger Honig
½ TL getrockneter Thymian
300 g Blattspinat (frisch und in wenig Wasser kurz
  gedünstet oder tiefgekühlt und aufgetaut,
  gut abgetropft und ausgedrückt)
250 g Frischkäse
40 g Parmesan, frisch gerieben
2 EL Mayonnaise
1 TL Meerrettich, gerieben
1 MSP Muskat
Salz
Pfeffer
4 Frühlingszwiebeln, klein geschnitten
½ Bund Petersilie, fein gehackt

Mehl, Öl, Backpulver und Salz mit 150 ml Wasser zu einem glatten Teig verkneten und 10 Minuten ruhen lassen. Auf einer gut bemehlten Fläche sechs möglichst dünne Fladen mit einem Durchmesser von etwa 30 cm ausrollen. Die Fladen in einer Pfanne mit wenig Öl von beiden Seiten backen.

Erbsen etwa 10 Minuten in wenig Wasser garen und abgießen. Mit Essig, Honig und Thymian mischen und zur Seite stellen. Spinat fein zerschneiden, mit Frischkäse, Parmesan, Mayonnaise, Meerrettich und Muskat vermischen und mit Salz und Pfeffer abschmecken.

Zuerst die Spinatmischung, dann die Erbsen und zuletzt die Frühlingszwiebeln und die Petersilie gleichmäßig auf die Tortilla-Fladen verteilen und leicht festdrücken (dabei am Rand etwa 3 cm freilassen). Dann die Fladen von unten nach oben aufrollen. (Am besten geht das, wenn die Fladen noch warm sind; falls sie schon abgekühlt sind, kurz im Backofen aufwärmen.)

Mit einem Sägemesser jede Rolle schräg in drei bis vier gleich große Teile schneiden (Messer zwischendurch sauber wischen) und auf einer Platte (z. B. auf Radiccioblättern) anrichten. Bis zum Servieren in den Kühlschrank stellen.

Und eine Nachspeise

Süße Lasagne

Kichererbsenmehl kommt in der asiatischen Küche häufiger zum Einsatz und hat einen interessanten Eigengeschmack. Hier verbindet es sich mit vielen süßen Zutaten zu einem originellen, äußerst leckeren Dessert.

Für die Pfannkuchen:
2 Eier
50 g Butter oder Margarine, zerlassen
50 g Vollrohrzucker
300 ml Buttermilch
200 ml Milch
300 g Kichererbsenmehl
3 TL Backpulver
1 Prise Salz
1 TL Zimt
100 g Walnüsse
80 g Rosinen
Butter oder Margarine zum Ausbacken

Für den Grießbrei:
½ l Milch
1 TL Butter oder Margarine
70 g Vollkorngrieß
2 EL Vollrohrzucker

Für die rote Fruchtsauce:
500 g Himbeeren oder Erdbeeren

Zum Bestreuen:
2 EL Vollrohrzucker
½ TL Zimt

Eier verquirlen und mit Butter oder Margarine, Zucker, Buttermilch und Milch verrühren. Mehl, Backpulver, Salz und Zimt zugeben. Zum Schluss Nüsse und Rosinen unterheben und aus je 2 Esslöffeln Teig kleine, runde Pfannkuchen ausbacken.

Milch für den Grießbrei mit Butter oder Margarine zum Kochen bringen, Grieß einstreuen und unter häufigem Umrühren 10 – 15 Minuten ausquellen lassen. Mit Zucker abschmecken.

Beeren im Mixer oder mit dem Pürierstab pürieren. Zucker mit Zimt mischen.

Die süße Lasagne entweder in breiten Lagen in eine Auflaufform einschichten oder aber für jede Person aus den einzelnen Zutaten ein kleines rundes Türmchen bauen. In jedem Fall kommen zuerst die Pfannkuchen, dann die rote Sauce, anschließend der Grießbrei, wieder die Pfannkuchen usw. Die oberste Schicht sollte aus Grießbrei bestehen. Zum Schluß mit dem Zimtzucker bestreuen und noch lauwarm servieren.

Die Erbse und ich

von *Renate Alf*

Meine Mutter war erstaunt, dass ich mir Erbsensuppe zum Geburtstag wünschte! Als ich aus der Schule kam, köchelten die Zutaten noch im Topf, aber gleich darauf wurde alles mit einem hölzernen Stampfer durchs Sieb gerührt, und das war es, was ich liebte: Diese einförmige und doch leicht körnige Konsistenz! Ich mochte auch durchgerührtes Apfelmus. (Die cremige Version aus dem Glas fand ich eklig!) Zum Nachtisch hatte ich mir Schokoladenpudding mit Vanillesoße gewünscht. In den Pudding gab meine Mutter ein Ei, sodass er weich blieb und sich mit der Vanillesoße marmorieren ließ. Weich und dick-flüssig waren auch ihre Soßen. Aus einer Mehlschwitze mach-

te sie je nachdem weiße Blumenkohlsoße, Tomatensoße (völlig unitalienisch!) oder Senfsoße für hart gekochte Eier. So zubereitet aßen wir Kinder sogar Spinat.

Kein Vergleich zur Erbsensuppe waren die vergilbten Büchsenerbsen, die sonntags, gern in Kombination mit kleinen runden(!) Karöttchen auf den Tisch kamen. Auch wenn die Erbsen sich »sehr fein« oder gar »extra fein« nannten, fand ich sie eher fade, mit einem leichten Blecharoma.

Meine Mutter war keine begeisterte Köchin. Irgendwann verschwand die Erbsensuppe vom Speisezettel und wurde ersetzt durch Linseneintopf aus der Dose.

Erbsen begegneten mir wieder im Studium, diesmal nicht als Nahrungsmittel, sondern als Lieblingspflanze der klassischen Genetik. Klassisch insofern als man damals die Pflanzen noch traditionell kreuzte und dann blühen und fruchten ließ (statt an den Genen herumzubasteln). Ich erinnere mich an rote, weiße und rosafarbene Blüten, an gelbe, grüne, glatte und runzlige Samen, Eigenschaften, die durch große und kleine Buchstaben bezeichnet wurden und auf wunderbar durchsichtige Weise durch die Generationen weitergereicht wurden. Ganz anders als die komplizierten Eigenschaften des Menschen! Nur ein paar unerfreuliche Erbkrankheiten vererben sich bei uns erbsenmäßig. Außerdem die Fähigkeit, die Zunge seitlich einzurollen. Entweder man kann es oder man kann es nicht (glatt ODER runzlig!). Als ich im Referendardienst meine Schüler beauftragen wollte, in ihren Familien diesbezügliche Stammbäume anzufertigen, riet mir meine Mentorin ab. In Einzelfällen kann es zu der peinlichen Enthüllung kommen, dass der vermeintliche Vater gar nicht der leibliche Vater sein kann … Erbsen waren da unverfänglicher! Übrigens wurde ich gar nicht Biologielehrerin, sondern Cartoonzeichnerin.

Und heute? Trockenerbsen sind ziemlich aus der Mode. Nur neulich: Da kaufte ich ein Tütchen Saaterbsen, um mir eine

leibhaftige Erbsenpflanze heranzuziehen, als Anschauungsmaterial für dieses Buch. »Kleine Rheinländerin« stand auf der Tüte, was mich sofort an meine Großmutter erinnerte. Sie stammte aus Oberhausen, war deutlich kleiner als ich, dafür doppelt so dick. Sie hatte Mühe, sich in unsern Volkswagen zu quetschen und bevorzugte den Mercedes meines Onkels.

Was wollte ich sagen? Genau: Der Trend geht heute zur Tiefkühlerbse! Erbsengrün und prall wie frisch aus der Schote! Übrigens muss es »Hülse« heißen. Schoten bestehen aus ursprünglich zwei Fruchtblättern, während die Hülse ... (Interessiert nicht? Na gut.) Manchmal bringt mein Mann frische Schoten (Hülsen!!) vom Markt, dann sitzen wir zu zweit da und popeln und kriechen unterm Tisch rum. Danach geht der Trend wieder zur Tiefkühlerbse. Oder es gibt Kichererbsen mit weißer Soße.

Die Prinzessinnen-Cartoons haben mir übrigens einen Heidenspaß gemacht. Wahrscheinlich habe ich selbst irgendwo eine kleine Schraube (Erbse?) locker ...

Die Autorin

Irmela Erckenbrecht, Jahrgang 1958, lebt in der Nähe von Erbsen im südlichen Niedersachsen bei Göttingen. Als erfahrene Märchenerzählerin hat sie im pala-verlag bereits die folgenden Bücher veröffentlicht:

Querbeet – Vegetarisch kochen rund ums Gartenjahr

Zucchini – Ein Erste-Hilfe-Handbuch für die Ernteschwemme

Das vegetarische Baby – Schwangerschaft, Stillzeit, Erstes Lebensjahr

So schmeckt's Kindern vegetarisch

Die Kräuterspirale – Bauanleitung, Kräuterportraits, Rezepte

Die Illustratorin

Renate Alf, Jahrgang 1956, machte eine Ausbildung als Lehrerin für Biologie und Französisch. Seit 1983 ist sie als Cartoonistin tätig und durch ihre Bücher sowie durch regelmäßig erscheinende Cartoons in vielen Tageszeitungen und Zeitschriften einem breiten Publikum bekannt.

Sie hat vier Kinder und lebt mit ihrer Familie in Freiburg.

Im pala-verlag sind die Titel *Vollwert-Naschereien*, *Zucchini*, *Vegetarisch grillen*, *Köstliche Kürbis-Küche*, *Das Buch vom guten Pfannkuchen*, *Alles Tomate!* sowie *Spargelzeit!* mit Illustrationen von Renate Alf erschienen.

Im Herder Verlag (Freiburg) sind von ihr lieferbar: *Cartoons für Erzieherinnen*, *Neue Cartoons für Erzieherinnen* sowie *Erziehungsalltag!*

Bei Lappan (Oldenburg) ist *Auf die Plätze – vierzig – los!* erschienen.

Quellennachweise

Seite 63: »Prinzessinnen auf Öko-Erbsen« von Irmela Erckenbrecht.
Erstveröffentlichung.

Seite 67: »Der Prinzessin auf der Erbse zweiter Teil« von Karlhans
Frank. In: Karlhans Frank, »Ist mal im blauen Märchenwald ein Frosch
in eine Frau verknallt.« Mit Bildern von Hans-Jürgen Feldhaus.
Buch & Media, 2001.
Abdruck mit freundlicher Genehmigung des Autors.

Seite 71: »Gerüchte um Gerichte« von Heinz Ehrhardt.
In: Heinz Erhardt, »Gesammelte Werke«, Lappan Verlag, 2001.
Abdruck mit freundlicher Genehmigung des Verlags.

Seite 80: »Erbsen« von Mascha Kaléko. In: Mascha Kaléko,
»Die paar leuchtenden Jahre«, hrsg. v. Gisela Zoch-Westphal,
Deutscher Taschenbuch Verlag, München 2003.
Abdruck mit freundlicher Genehmigung des Verlags.

Seite 89: »The Princess and the Pea« von der British Broadcasting
Cooperation, BBC.
Veröffentlicht auf der Website der BBC (www.bbc.co.uk/cbeebies).
Abdruck mit freundlicher Genehmigung der BBC.

Seite 99: »Voll die Erbsentussi« von Irmela Erckenbrecht.
Erstveröffentlichung.

Seite 132: »Die Erbse und ich« von Renate Alf. Erstveröffentlichung.

Nachweise für alle Zitate im Text mit vollständigen bibliographischen
Angaben sind auf Anfrage beim Verlag oder unter www.pala-verlag.de
erhältlich.

Rezepte von A – Z

Amerikanischer Ostersalat 90
Ananas-Sauerkraut mit Räucher-
    tofu und Erbsenpüree 124
Arabische Erbsensuppe 76
Austernpilzen, gebraten
    mit Drei-Farben-Püree 126

Backerbsensalat 97
Bananen, gebratene
    mit Erbsenreis 116
Bandnudeln mit
    Erbsen-Sahne-Sauce 106
Blätterteigtaschen
    mit pikanter Erbsenfüllung .. 111
Bunte Hülsenfrüchte 113
Bunte Nudelpfanne 115
Bunter Erbsensalat 96

Chicorée-Schiffchen,
    Erbsensalat in 95
Couscous-Salat, kretischer 92
Crème Elysée 79
Curry-Kartoffel-Topf mit Erbsen 122

Drei-Farben-Püree mit
    gebratenen Austernpilzen ... 126

Erbsen mit Gewürzreis 117
Erbsen mit Tofuragout 107
Erbsen mit Weizen-Rucola-Salat 93
Erbsen mit Zwiebel-Käse-Reis .. 123
Erbsen und Möhren 81
Erbsencreme, fernöstliche 86
Erbsencremesuppe, exotische ... 77
Erbsengrüne Nudeln 101
Erbsen-Kartoffel-Auflauf 100
Erbsen-Nudel-Soufflé 118
Erbsenpüree mit Beluga-Linsen
    und Kirschtomaten 104
Erbsenquiche mit Haselnüssen 108

Erbsen-Quinoa-Topf 119
Erbsenreis mit
    gebratenen Bananen 116
Erbsen-Sahne-Sauce
    mit Bandnudeln 106
Erbsensalat
    in Chicorée-Schiffchen 95
Erbsensalat, bunter 96
Erbsensauce mit
    Kartoffelbrei und Eiern 114
Erbsensuppe mit Grießklößchen 74
Erbsensuppe mit Salbei 75
Erbsensuppe, arabische 76
Erbsen-Wraps 128
Erbsen-Zucchini-Gemüse 85
Erbsiges Allerlei 88
Erbspüree 82
Exotische Erbsencremesuppe 77

Falafel 102
Fernöstliche Erbsencreme 86

Gemüsesalat, ilalienischer 91
Gewürzreis mit Erbsen 117
Grüne Lasagne 120
Grünes Risotto 103

Haselnüsse mit Erbsenquiche . 108
Hülsenfrüchte, bunte 113
Hummus 83

Italienischer Gemüsesalat 91

Kartoffelbrei mit
    Erbsensauce und Eiern 114
Kartoffel-Curry-Topf mit Erbsen 122
Kartoffel-Erbsen-Auflauf 100
Käse-Zwiebel-Reis mit Erbsen .. 123
Kichererbsen-Lauch-Gemüse
    mit Estragon 84

Kichererbsenpfanne, rote 112
Kichererbsensalat 94
Kichererbsen-Taler 125
Kichererbsen-Weizen-Salat
  mit Granatapfelkernen 98
Kirschtomaten mit Beluga-Linsen
  und Erbsenpüree 104
Kretischer Couscous-Salat 92

Lasagne, grüne 120
Lasagne, süße 130
Lauch-Kichererbsen-Gemüse
  mit Estragon 84

Minestrone 73
Möhren und Erbsen 81

Nudel-Erbsen-Soufflé 118
Nudeln, erbsengrüne 101
Nudelpfanne, bunte 115

Ostersalat, amerikanischer 90

Pikantes Erbsen-Spinat-Gemüse 87

Quinoa-Erbsen-Topf 119

Ratz-Fatz-Suppe 78
Räuchertofu mit Ananas-
  Sauerkraut und Erbsenpüree 124
Risibisi 110
Risotto, grünes 103
Rote Kichererbsenpfanne 112
Rucola- Weizen-Salat mit Erbsen 93

Sahne-Erbsen-Sauce mit
  Bandnudeln 106
Sauerkraut mit Ananas, Räucher-
  tofu und Erbsenpüree 124
Spaghetti Verdure 121
Spargelsuppe mit Erbsen
  und Spinat 72
Spinat-Erbsen-Gemüse, pikantes 87
Süße Lasagne 130

Tofuragout mit Erbsen 107

Weizen-Kichererbsen-Salat
  mit Granatapfelkernen 98
Weizen-Rucola-Salat mit Erbsen 93

Zucchini-Erbsen-Gemüse 85
Zwiebel-Käse-Reis mit Erbsen .. 123

Andere Bücher von Irmela Erckenbrecht

Irmela Erckenbrecht:
Das vegetarische Baby
ISBN: 3-89566-143-0

Irmela Erckenbrecht:
So schmeckt's Kindern vegetarisch
ISBN: 3-89566-170-8

Irmela Erckenbrecht:
Querbeet
ISBN: 3-89566-163-5

Irmela Erckenbrecht:
Die Kräuterspirale
ISBN: 3-89566-190-2

Vollwert-Bücher mit Cartoons von Renate Alf

Irmela Erckenbrecht: **Zucchini**
ISBN: 3-89566-200-3

Astrid-Poensgen-Heinrich:
Spargelzeit!
ISBN: 3-89566-185-6

Petra und Joachim Skibbe:
Köstliche Kürbis-Küche
ISBN: 3-89566-150-3

Claudia Schmidt:
Alles Tomate!
ISBN: 3-89566-173-2

Fantastisch vegetarisch

Klaus Weber:
Das Buch vom guten Pfannkuchen
ISBN: 3-89566-151-1

Margrit Stevanon:
Aufläufe und Gratins
ISBN: 3-89566-180-5

Wolfgang Hertling:
Kochen mit Hirse
ISBN: 3-89566-164-3

Astrid-Poensgen-Heinrich:
Köstliche Kartoffelküche
ISBN: 3-89566-181-3

pala-verlag • Postfach 11 11 22 • 64226 Darmstadt
www.pala-verlag.de

ISBN: 3-89566-201-1

© 2004: pala-verlag, Rheinstr. 37, 64283 Darmstadt

www.pala-verlag.de

Alle Rechte vorbehalten

Lektorat: Barbara Reis

Umschlag- und Innenillustrationen: Renate Alf

In Zusammenarbeit mit dem Deutschen Reform-Verlag, Oberursel

Druck: fgb • freiburger graphische betriebe

www.fgb.de

Printed in Germany

Dieses Buch ist auf Papier aus 100 % Recyclingmaterial gedruckt.